Sabine Maur-Lambert / Andrea Landgraf
Keine Angst vor der Angst!
Elternratgeber bei Ängsten im Grundschulalter

Sabine Maur-Lambert / Andrea Landgraf

Keine Angst vor der Angst!

Elternratgeber bei Ängsten im Grundschulalter

borgmann

© 2003 verlag modernes lernen, Borgmann KG, 44139 Dortmund
Edition: borgmann publishing
Titelbild: Wolfgang Beudels
Gesamtherstellung: Löer Druck GmbH, Dortmund

Bestell-Nr. 8328   ISBN 3-86145-256-1

Urheberrecht beachten!
Alle Rechte der Wiedergabe dieses Fachbuches zur beruflichen Weiterbildung, auch auszugsweise und in jeder Form, liegen beim Verlag. Mit der Zahlung des Kaufpreises verpflichtet sich der Eigentümer des Werkes, unter Ausschluss der § 52a und § 53 UrhG., keine Vervielfältigungen, Fotokopien, Übersetzungen, Mikroverfilmungen und keine elektronische, optische Speicherung und Verarbeitung (z.B. Intranet), auch für den privaten Gebrauch oder Zwecke der Unterrichtsgestaltung, ohne schriftliche Genehmigung durch den Verlag anzufertigen. Er hat auch dafür Sorge zu tragen, dass dies nicht durch Dritte geschieht.
Zuwiderhandlungen werden strafrechtlich verfolgt und berechtigen den Verlag zu Schadenersatzforderungen.

Die Kopiervorlagen stehen dem Käufer dieses Buches für den nichtgewerblichen Gebrauch zur Verfügung.

Inhalt

1. Einleitung — 7
2. Wann ist Angst nicht mehr normal? — 9
3. Angststörungen im Kindesalter erkennen — 13
4. Angst: anderes Denken, anderes Handeln, anderes Fühlen — 32
5. Wie entstehen kindliche Angststörungen? — 39
6. Was tun Profis gegen Ängste? — 54
7. Wie können Eltern ihrem ängstlichen Kind helfen? – Ängstliche Kinder positiv erziehen — 56
8. Allgemeine Tipps zum Umgang mit Ängsten — 73
9. Tipps bei spezifischen Ängsten — 89
10. Kinderteil — 105
11. Professionelle Hilfe – wer, wie, wo? — 120
12. Anhang — 124

    Materialien und Kopiervorlagen — 125

    Literatur — 140

1. Einleitung

Angst ist eine Überlebenstechnik: sie warnt uns vor Gefahr und lässt uns die richtigen Maßnahmen ergreifen – z.B. Weglaufen. Nur wird leider aus so mancher harmloser Mücke ein gefährlicher Elefant – wir haben vor Dingen Angst, vor denen man „eigentlich" keine Angst haben müsste, jedenfalls keine so starke. Das passiert Erwachsenen und Kindern gleichermaßen. Trotzdem ist die Angst da – und wenn man Pech hat, wird man dafür auch noch als Angsthase beschimpft.
Das schlimme an Angst ist der Verlust von Kontrolle und das Gefühl des Ausgeliefertseins: die Angst „lähmt" einen, sie „nimmt einen gefangen", man ist „ohnmächtig" vor Angst, man kann nicht mehr denken. Das zeigt sich auch körperlich: es stehen einem die Haare zu Berge, das Herz schlägt einem bis zum Hals, die Knie werden wackelig, die Hände zittern, es schnürt einem die Kehle zu und man bekommt keine Luft mehr. Das empfinden nicht nur Erwachsene, sondern auch Kinder als extrem unangenehm, auch wenn sie es vielleicht nicht so gekonnt beschreiben können.
Deshalb ist es schon für Kinder wichtig, Techniken zu lernen, mit denen man die Kontrolle über Gefühle, Gedanken und Körper wiedererlangen kann. Dies kann aber nur mit Hilfe der Eltern geschehen.

 In diesem Ratgeber wollen wir Ihnen solche Techniken und Tipps an die Hand geben, um gemeinsam mit Ihrem Kind die Ängste bewältigen zu können.

In den letzten 15 Jahren sind die Ängste von Kindern zunehmend in den Blickpunkt von Wissenschaftlern in aller Welt gerückt. Im Laufe dieser Forschung wurden auch eine Reihe von guten Therapieprogrammen entwickelt, um solchen Kindern zu helfen. Das ist ein großer Fortschritt und eine echte Hilfe für viele Familien. Trotzdem steckt die Angst-Forschung noch „in den Kinderschuhen": die einzelnen Angststörungen, ihre Erscheinungsformen und Ursachen, sind häufig noch nicht gründlich genug untersucht, vieles ist noch Spekulation. Die Erkenntnisse, die bisher zusammen getragen wurden, werden wir in diesem Ratgeber in (hoffentlich) verständlicher Form darstellen. Im Vordergrund soll dabei der praktische Bezug zum Alltagsleben des betroffenen Kindes und seiner Familie stehen:

- Wie können Eltern Angststörungen bei ihrem Kind erkennen? (Kapitel 2 und 3)
- Was charakterisiert das Denken und Fühlen ängstlicher Kinder? (Kapitel 4)
- Was sind die Ursachen von kindlichen Ängsten? (Kapitel 5)
- Wie sieht professionelle Hilfe aus bei kindlichen Ängsten und wo finde ich sie? (Kapitel 6 und 11)
- Wie können Eltern ihrem Kind bei der Bewältigung seiner Ängste helfen? (Kapitel 7, 8 und 9)
- Was kann ich selbst gegen meine Angst tun – ein Kapitel für Kinder (Kapitel 10)

Der Ratgeber basiert auf den wichtigsten wissenschaftlichen Veröffentlichungen aus Psychologie und Medizin der letzten 15 Jahre und auf unseren Erfahrungen mit ängstlichen Kindern und ihren Eltern. Wir haben in einer kinderpsychiatrischen Praxis über Jahre ängstliche Kinder sowohl einzeln als auch in Gruppen[1] behandelt. Uns war es wichtig, dass die Eltern immer aktiv „mit von der Partie" waren. Die Erfahrungen aus der Elternarbeit sind in diesen Ratgeber maßgeblich mit eingeflossen.

---

[1] Siehe dazu: Maur-Lambert, Landgraf & Oehler (2003). *Gruppentraining für ängstliche und sozial unsichere Kinder und ihre Eltern.* Dortmund: borgmann publishing.

 # Wann ist Angst nicht mehr normal?

Angst ist ein wichtiges Gefühl: weil wir vor etwas Angst haben, können wir es als bedrohlich identifizieren und uns davor schützen. Angst lässt uns wissen, wenn uns etwas nicht gut tut oder gar gefährdet. Deshalb macht es keinen Sinn, unsere Kinder angstfrei aufziehen zu wollen. Entscheidend ist, dass Kinder lernen, mit den Ängsten umzugehen, die sie im Leben erfahren. Eine solche Bewältigung führt zu Erfolgserlebnissen und einem besseren Selbstbewusstsein.
Aber welche kindlichen Ängste gehören zur Entwicklung, sind also normal, und wann müssen Eltern sich sorgen und Hilfe suchen? Lösen sich nicht viele Ängste einfach auf, so dass man nur lange genug warten muss?

Tatsächlich durchlaufen die meisten Kinder eine ähnliche *Abfolge* von Ängsten. Die Art der Ängste ist vom Alter abhängig: während kleine Kinder sich eher vor konkreten Dingen fürchten (z.B. Gespenstern oder Dunkelheit), sorgen ältere Kinder sich um abstraktere Fragen (z.B. Gesundheits- und Leistungsängste). Das geht auf die fortschreitenden geistigen Fähigkeiten der Kinder zurück: erst im Alter von 8-9 Jahren können Kinder sich in die Lage von anderen versetzen und sich selbst „mit den Augen" von anderen betrachten. Das heißt aber auch, dass man sich dann sorgen kann, was andere wohl von einem denken – eine solche Sorge geht über die Kapazitäten eines Kindergartenkindes noch weit hinaus. Gegen Ende der Grundschulzeit fangen Kinder auch erstmals an, sich mit anderen zu vergleichen – sie merken, dass sie nicht in allem „der Tollste" sind, sondern dass manche Kinder Dinge besser oder schlechter als sie selbst können. Daraus können spezielle Ängste entstehen: man fühlt sich unterlegen, man hat Angst vor Leistungssituationen, man fürchtet sich davor, in der Schule zu versagen. Kinder in diesem Alter verstehen nun auch erstmals, dass Menschen Krankheiten haben und sterben können – nicht nur andere, sondern auch sie selbst. Dies führt bei vielen Kindern zu einer intensiven Beschäftigung mit diesen Themen und zu vielen geradezu „philosophischen" Fragen, die für Eltern häufig nicht einfach zu beantworten sind.

Solche Fragen tauchen häufig in der Folge von Todesfällen in der Familie auf (z.B. der Großeltern) oder nach dramatischen Ereignissen, über die in den Medien berichtet wird. Eltern sollten ehrlich darauf antworten – also auch zugeben, dass sie selbst keine Antworten auf manche Fragen haben.

Die Entwicklung von *normalen* kindlichen Ängsten haben wir zur besseren Übersicht in ein Schema gebracht:

Altersbereich	häufige Ängste
1 – 2 Jahre	Angst vor fremden Menschen, fremden Gegenständen, lauten Geräuschen und Höhe
2 – 4 Jahre	Angst vor Tieren, der Dunkelheit und dem Alleinsein
4 – 6 Jahre	Angst vor Fantasiegestalten (Gespenster, Monster) und vor Naturereignissen (z.B. Gewittern)
7 – 10 Jahre	schulische Ängste (Angst vor Versagen, schlechten Noten und der Bewertung durch andere) Gesundheitsängste (Angst vor Verletzungen, Krankheiten, dem Tod, vor Ärzten und Spritzen) gleichzeitig Abnahme der früheren Ängste

Natürlich erlebt nicht jedes Kind jede dieser Ängste, und auch die Altersbereiche sind nur Annäherungen.
Die Bewältigung dieser Ängste mit Hilfe der Eltern nennen Psychologen eine „Entwicklungsaufgabe". Das heißt, dass ein Kind mit diesen Ängsten zurecht kommen sollte, so wie es eben auch schafft, laufen oder sprechen zu lernen.

Wann aber gehen die Ängste unseres Kindes über eine solche „Entwicklungsaufgabe" hinaus? Wann sollten wir als Eltern professionelle Hilfe in Anspruch nehmen?
Natürlich hängt die Beantwortung dieser Frage von jedem einzelnen Kind und seiner Familie ab. Es lassen sich aber einige Kriterien angeben, wann betroffene Familien professionelle Hilfe suchen sollten. Wir haben sie im Folgenden aufgelistet und zur Veranschaulichung Beispiele dazu angegeben.

Probleme im Alltag des Kindes durch die Angst

Aufgrund der Angst des Kindes kommt es zu erheblichen *Einschränkungen im Alltag* des Kindes und/oder seiner Familie. Wegen dieser Einschränkungen kommt es zu *Folgeproblemen* z.B. in der Schule oder im sozialen Alltag des Kindes.

Beispiele:
- Jasmin hat so große Angst vor lauten Geräuschen, dass sie nicht mehr zu Kindergeburtstagen gehen will aus Angst vor den platzenden Luftballons. Als Folge wird sie von den Kindern ausgelacht und zieht sich immer weiter zurück von ihren Freunden.
- Jens will nicht mehr alleine in seinem Bett schlafen, weil er sich vor der Dunkelheit und dem Alleinsein fürchtet. Seine Mutter ist besorgt und lässt ihn im Ehebett schlafen – ein Zustand, der sich bald als sehr nervig herausstellt und die Ehe der Eltern auf eine harte Probe stellt.
- Nicole klagt über starke Bauchschmerzen aus Angst vor Klassenarbeiten. Die Eltern lassen sie deshalb zuhause. Aber nach einer Woche zuhause will Nicole immer noch nicht in die Schule gehen. Was tun?

„Leidensdruck" des Kindes

Das betroffene Kind selbst leidet sehr unter seiner Angst. Es ist unglücklich deswegen und sein Selbstbewusstsein leidet. Bei manchen Kindern dehnt sich die ursprüngliche Angst auf weitere Gebiete aus. Andere wiederum zeigen viele körperliche Beschwerden wie Bauch- oder Kopfschmerzen.

Beispiel:
- Kevin hat schreckliche Angst vor Hunden und leidet sehr darunter, dass er ständig Angst haben muss auf der Straße. Er wäre so gerne „cooler".
- Nora hatte mit Angst auf eine strenge Lehrerin reagiert. Mit der Zeit wollte sie auch nicht mehr in den Unterricht von anderen Lehrern, morgens kam es häufig zu schweren Kopfschmerzattacken.

Unsicherheit der Eltern über den richtigen Umgang mit der Angst

Viele Eltern wollen ihr Kind ganz instinktiv vor seiner Angst beschützen. Oft merken sie aber, dass dies allein nicht ausreicht – oder manchmal sogar zu noch mehr Ängstlichkeit führt. Sie fragen sich, wie man mit einem ängstlichem Kind richtig umgeht – viele Eltern empfinden dies als Gratwanderung zwischen Überbeschützen und Überfordern.

Beispiel:
- Yannick ist von klein auf schüchtern und ängstlich. Seine Mutter nimmt ihm Aufgaben ab, die ihm Angst machen. Ihr ist aber unwohl dabei, denn sie fragt sich, wie Yannick sein Leben jemals alleine und eigenständig bewältigen soll.
- Hanna hat Angst vor fremden Erwachsenen, sie ist dann völlig eingeschüchtert und sagt keinen Ton. Ihren Vater ärgert das, er findet ihr Verhalten peinlich und bezeichnet sie in solchen Situationen als Angsthase und Sensibelchen.

Insgesamt gilt: lieber einmal zu viel Hilfe in Anspruch genommen als einmal zu wenig. Denn: je stärker die Angst ausgeprägt ist, je später Hilfe gesucht wird, je ängstlicher die Eltern selbst sind, umso schlechter sind die Erfolgsaussichten.

Welche Möglichkeiten der Hilfe es gibt und an wen Sie sich wenden können, werden wir am Ende dieses Buches noch ausführlich erläutern.

3. Angststörungen im Kindesalter erkennen

3.1 Wissenschaftliche Kriterien für Angststörungen

Neben den „normalen" Ängsten gibt es im Kindesalter spezielle Angststörungen, die eine Behandlung und die besondere Unterstützung durch die Eltern erforderlich machen. Bezüglich dieser Angststörungen werden wir verschiedene Aspekte ausführlich beschreiben:

- Wie sehen diese speziellen Angststörungen aus?
- Welche Folgeprobleme gehen mit diesen Störungen einher?
- Wie häufig kommen diese Störungen vor und wie verlaufen sie?

Dabei werden die aktuellen Forschungsergebnisse aus den Gebieten der Psychologie und Medizin berücksichtigt und jeweils an einem ausführlichen Beispiel illustriert.

Um zu überprüfen, ob Ihr Kind an einer dieser Angststörungen leidet, haben wir Checklisten angegeben. Bitte berücksichtigen Sie, dass diese Fragen nur ungefähre Anhaltspunkte sein können und bei der ersten Orientierung helfen sollen. Eine Diagnose sollte nur von einem Arzt oder Psychologen gestellt werden. Sie werden vermutlich auch feststellen, dass häufig einige, aber keineswegs alle Merkmale eines Störungsbildes auf Ihr Kind zutreffen – kein Grund zur Sorge, sondern ganz normal!
Am Ende des Kapitels haben wir für Sie erste Beobachtungsübungen zusammengestellt, die Grundlage für spätere Hilfen und Tipps sein werden.

Es ist übrigens häufig so, dass ein Kind nicht nur unter einer, sondern unter mehreren der nachfolgend beschriebenen Angststörungen leidet. Beispielsweise kommen einfache Phobien, die soziale Phobie und Überängstlichkeit oft zusammen vor. Viele der sozial ängstlichen Kinder leiden auch unter Leistungs- und Trennungsängsten.

1. Phobien

Philipp war im Alter von acht Jahren von einem Hund aus der Nachbarschaft gebissen worden. Der Biss war eigentlich harmlos und die Wunde nur oberflächlich, trotzdem machte Philipps Verhalten in der Folgezeit seinen Eltern große Sorgen. Philipp wollte nicht mehr seine Freunde besuchen; ins Dorf und zur Schule ging er nur in Begleitung seiner Mutter; auf der Straße wollte er nicht mehr spielen. Er äußerte erst nach einiger Zeit, dass er große Angst habe, dem Hund (oder gar einem weiteren!) wieder zu begegnen. Auch gutes Zureden half nicht – schließlich bestanden die Eltern darauf, dass Philipp wieder allein zur Schule und zu seinen Freunden gehen müsse. Philipp reagierte mit Einschlafproblemen und fing wieder an, nachts ins Bett zu machen. Seine Leistungen in der Schule verschlechterten sich.

Beschreibung

Eine Phobie ist die Angst vor Gegenständen, Lebewesen oder Situationen, die eigentlich ungefährlich sind (z.B. Spritzen, Spinnen, Dunkelheit). Wegen dieser Angst werden diese Objekte vermieden, sogenanntes *Vermeidungsverhalten* entsteht: das Kind versucht, dem Angstobjekt aus dem Weg zu gehen. Schon bei der bloßen Vorstellung daran kommt es zu starker Angst (Erwartungsangst). Phobien sind meist relativ „harmlose" Angststörungen, die sich gut behandeln lassen, wenn man früh genug eingreift. Wie das Beispiel zeigt, kann es aber bei manchen Kindern zu erheblichen Folgeproblemen kommen.

Im Kindesalter kann man Phobien in drei Bereiche aufteilen:
1. Tierphobien: z.B. Angst vor Hunden oder Spinnen
2. Blut-Spritzen-Verletzungs-Phobien: z.B. Angst vor Spritzen, Angst vor Arztbesuchen
3. auf die Umwelt und bestimmte Situationen gerichtete Phobien: z.B. Angst vor Gewittern, Angst vor Dunkelheit, Flugangst, Angst vor lauten Geräuschen

Bei den altersabhängigen Ängsten, wie wir sie oben beschrieben haben (Tabelle S. 10), handelt es sich somit um Phobien.
Angst vor der Schule und Angst vor sozialen Situationen werden gesondert beschrieben (siehe Nr. 3 und 4).

Häufigkeit und Verlauf

Solche Phobien sind zunächst häufig Teil der normalen Entwicklung eines Kindes; eine Störung, die behandelt werden sollte, sind sie erst dann, wenn sie den Alltag des Kindes erheblich einschränken (siehe Kapitel 2). Behandlungsbedürftige Phobien kommen etwa bei 2-5% der Schulkinder vor, bei Mädchen findet man sie häufiger als bei Jungen. Wie oben bereits beschrieben, verschwinden die meisten Phobien von selbst wieder – allerdings meist nicht die, die den betroffenen Kindern das Leben wirklich schwer machen.

Checkliste für Eltern

- Fürchtet sich Ihr Kind vor einem der oben genannten Gegenstände, Lebewesen oder Situationen? Wenn ja, vor was genau:

_____

- Wie stark ausgeprägt ist die Angst:

0	1	2	3	4
gar nicht	ein wenig	mäßig	schwer	sehr schwer

- Wie stark vermeidet Ihr Kind das gefürchtete Objekt:

0	1	2	3	4
gar nicht	selten	gelegentlich	häufig	immer

- Wie stark ist Ihr Kind in seinem Leben (Familienleben, Freizeit und/oder Schule) beeinträchtigt durch diese Angst?

0	1	2	3	4
gar nicht	ein wenig	mäßig	schwer	sehr schwer

→ Ab einer Einschätzung von jeweils „3" könnte eine Phobie vorliegen.

2. Trennungsangst

Teresa entwickelte im Lauf des zweiten Schuljahres immer stärkere Ängste, sich von ihrer Mutter zu trennen. Ob sie zur Schule musste oder die Mutter kurz einkaufen gehen wollte: jede Trennung wurde zum Drama, bei dem Teresa weinte und schrie. Beim Einschlafen musste ihre Mutter an ihrem Bett wachen, schließlich wollte Teresa nur noch im Ehebett schlafen. Sie schrieb ihrer Mutter rührende Briefe, z.B. „Libe Mama geh nich weg es kann dir was pasiren".

Beschreibung

Es ist normal, dass Klein- und Kindergartenkinder Angst vor der Trennung von ihren Bezugspersonen zeigen. Wenn diese Angst aber sehr lange anhält und besonders stark ausgeprägt ist, so spricht man von einer „Störung mit Trennungsangst".
Trennungsängstliche Kinder machen sich große Sorgen, dass ihrer Hauptbezugsperson (meist die Mutter) etwas zustoßen oder dass sie weggehen und nicht mehr wiederkommen könnte. Aus Angst vor dieser Trennung weigern sich die Kinder, allein zu Hause zu bleiben, ins Bett oder auch in die Schule zu gehen. Wenn eine Trennung bevorsteht, sind diese Kinder oft sehr unglücklich, was sich auch in Wutanfällen äußern kann. Auch bei dieser Angststörung kann es zu körperlichen Beschwerden sowie zu Alpträumen kommen.
Die Störung ist nicht zu verwechseln mit der Trennungsängstlichkeit, die bei vielen Kindern auftritt, wenn sie zum ersten Mal in den Kindergarten gehen, und die nach einigen Wochen verschwindet.

Häufigkeit und Verlauf

Die Trennungsangst als Störung zeigt sich meist ab dem Alter von sieben Jahren. Bei manchen Kindern zeigt sie sich als Folge von Todesfällen oder schweren Erkrankungen in der Familie. Außerdem findet man Trennungsangst gehäuft bei Kindern von alleinerziehenden Müttern. Kinder, die früh unter Trennungsangst leiden, neigen oft zu weiteren Angststörungen mit zunehmendem Alter.

Checkliste für Eltern

- Hat Ihr Kind große Angst, sich von Ihnen zu trennen? o ja o nein
- Dies z.B. dann, wenn es allein zu Hause bleiben oder wenn es woanders schlafen soll? o ja o nein
- Wenn Sie die vorhergehenden Fragen mit „ja" beantwortet haben, überprüfen Sie bitte, ob und in welcher Ausprägung die folgenden Aussagen auf Ihr Kind zutreffen (0 = nie/selten, 1 = manchmal, 2 = oft, 3 = sehr oft):

    Hat Ihr Kind Angst, dass Ihnen etwas zustoßen könnte? _____

    Hat Ihr Kind Angst, dass ein schlimmes Ereignis es von Ihnen trennen könnte? _____

    Geht Ihr Kind nur ungern zur Schule, weil es lieber bei Ihnen bleiben möchte? _____

Geht Ihr Kind abends nur ungern schlafen? _____

Ist Ihr Kind am liebsten immer in Ihrer Nähe? _____

- Wie stark ist Ihr Kind in seinem Leben (Familienleben, Freizeit und/oder Schule) beeinträchtigt durch diese Angst?

0	1	2	3	4
gar nicht	ein wenig	mäßig	schwer	sehr schwer

→ Wenn die Mehrzahl der Fragen und Aussagen auf Ihr Kind in einer Ausprägung von mindestens „2" zutrifft, könnte eine Trennungsangst bei Ihrem Kind vorliegen.

3. Schul- und Leistungsängste

Tim weigert sich seit den Weihnachtsferien, in die Schule zu gehen. Er besucht die fünfte Klasse der Realschule. Während er sich in der Grundschule leicht getan hat, hat Tim in der neuen Schule eine Reihe von Misserfolgen einstecken müssen. Schon vor Weihnachten erscheint er seinen Eltern zunehmend verzagt, immer öfter klagt er morgens über Übelkeit. In den Weihnachtsferien blüht Tim schlagartig auf, zwei Tage vor Schulbeginn aber wird er zusehends nervös, angespannt und gereizt. Am ersten Schultag hat Tim solche Bauchschmerzen, dass er mehrfach erbricht und seine Mutter ihn zuhause lässt. Auch in den nächsten Tagen geht es ähnlich, obwohl auffällt, dass sich Tim im Laufe des Morgens immer relativ schnell erholt. Schließlich sagt Tim seinen Eltern, dass er nicht mehr in die Schule gehen wolle. Die Eltern fragen sich, was sie tun sollen.

Beschreibung

Wenn ein Kind Angst hat, in die Schule zu gehen, so kann dies vielfältige Gründe haben. Diese Gründe sind nicht immer offenkundig, und Eltern stehen deshalb bisweilen vor einem Rätsel. Erschwert wird die Situation dadurch, dass die Kinder ihre Angst oft nicht offen benennen können oder wollen. Sie zeigen eher körperliche Beschwerden (wie Übelkeit, Bauch- oder Kopfschmerzen) oder einen scheinbar unerklärlichen Leistungsabfall.

Zum besseren Verständnis haben wir die Gründe für Schul- und Leistungsängste in zwei Gruppen geteilt: die erste Gruppe umfasst Ängste, die auf eine tatsächliche Überforderung des Kindes zurückgehen, die zweite Gruppe umfasst Ängste, die sich auf Leistungssituationen beziehen (Prüfungsangst). Bei der ersten Gruppe handelt es sich genau genommen nicht um Angststörungen, und es ergeben sich andere Konsequenzen, die wir auch gleich benennen.

Nicht zu verwechseln sind solche Schul- und Leistungsängste mit der Trennungsangst, die auch zur Folge haben kann, dass das Kind nicht mehr in die Schule gehen möchte – aber nicht, weil es Angst vor der Schule, sondern vor der Trennung von der Mutter hat (siehe Abschnitt „Trennungsangst").

1. Angst als Reaktion auf Überforderung

Manche Kinder reagieren auf eine anhaltende schulische Überforderung aggressiv, andere ziehen sich eher in sich zurück und sind ängstlich und unglücklich, manche zeigen auch eine Kombination von Aggressivität und Ängstlichkeit. Folgende Arten der Überforderung sind zu bedenken:

- *Intellektuelle Überforderung:* Das Kind ist nicht ausreichend begabt für die Schulform, die es besucht. Seine Intelligenz ist zu niedrig, so dass es z.B. besser auf einer Förderschule aufgehoben wäre. Besteht der Verdacht auf eine solche Überforderung, sollte umgehend durch qualifizierte Personen (Schulpsychologe, Kinder- und Jugendpsychologe oder -psychiater) ein ausführlicher Intelligenztest durchgeführt werden.

- *Überforderung wegen unentdeckter Defizite:* Es gibt Defizite, die es einem Kind sehr schwer machen, in der Schule die Leistungen zu erbringen, die es eigentlich erbringen könnte. Die wichtigsten Defizite sind: Teilleistungsschwächen (Lese- und Rechtschreibstörung, Rechenstörung) und Aufmerksamkeitsprobleme mit oder ohne Hyperaktivität („Aufmerksamkeits-Defizit-Syndrom (ADS)"). Dazu mehr unter Nr.8 in diesem Kapitel.

- *Familiäre Überforderung:* Wenn in der Familie eines Kindes einschneidende Belastungen auftreten wie z.B. die Trennung der Eltern, starke eheliche Konflikte, Erkrankung oder Tod eines Elternteils, Armut oder Arbeitslosigkeit, Vernachlässigung oder Missbrauch, kann es zu erheblichen schulischen Problemen kommen. Überforderung kann auch dann auftreten, wenn es zu Hause keine förderlichen Strukturen gibt, also die Eltern nicht auf die Hausaufgaben achten, das Kind beim Lernen nicht unterstützen und sich insgesamt für seine schulische Situation nicht interessieren.

- *Soziale Überforderung:* Das Kind hat Angst vor Mitschülern oder einer Lehrkraft, nicht aber vor den Leistungsanforderungen selbst.

Möglicherweise wird es gehänselt, tätlich angegriffen bzw. bedroht (evtl. auch auf dem Schulweg!) oder von einer Lehrkraft schlecht behandelt (angeschrieen, eingeschüchtert, bloßgestellt, abgewertet o.ä.). Hier sollten die Eltern ihr Kind vorsichtig nach solchen Problemen fragen und sich mit der Schule in Verbindung setzen. Scheuen Sie sich nicht, die Lehrkraft über die Ängste des Kindes zu unterrichten. Häufig sind auch noch andere Schüler betroffen, so dass es auch sinnvoll ist, solche Probleme am Elternabend anzusprechen.

2. Prüfungsängstlichkeit

Die Angst vor und in Prüfungssituationen spielt sich auf drei Ebenen ab: das betroffene Kind

– hat Angst zu versagen und macht sich große Sorgen,

– es erlebt körperliche Anspannung und Herzklopfen, ist unruhig und nervös,

– und es denkt an einen möglichen Misserfolg und seine Konsequenzen („Ich werde es wieder nicht schaffen", „Ich bin das dümmste Kind in meiner Klasse", „Meine Eltern werden schimpfen").

Die Prüfungsangst beginnt oft schon an den Tagen vor der Prüfung; es kann zu Einschlafproblemen und Klagen über Bauchweh oder Übelkeit kommen. Tatsächlich erbringen prüfungsängstliche Kinder auch häufig schlechtere Leistungen. Selbst wenn sie sich sehr gut vorbereitet haben und zuhause den Stoff beherrschen, können sie dies vor Aufregung in der Schule nicht umsetzen. Es kann zu „Black-Outs" kommen. Kinder, die sehr prüfungsängstlich sind, sind oft auch insgesamt sehr ängstlich oder haben sogar eine andere Angststörung. Manche stellen zu hohe Ansprüche an sich selbst, indem sie immer die besten oder perfekt sein wollen.

Häufigkeit und Verlauf

Die Zahl der Kinder, die starke Schul- und Leistungsängste haben, wird auf 1-2% geschätzt. Die Angst, in die Schule zu gehen, tritt insbesondere beim Schuleintritt im Alter von 6-7 Jahren sowie beim Übertritt in die weiterführende Schule (10-11 Jahre) auf.

Checkliste für Eltern

- Geht Ihr Kind nicht gern in die Schule, weil es sich nicht von Ihnen trennen will? Wenn ja, lesen Sie bitte weiter im Abschnitt „Trennungsangst".

- Geht Ihr Kind nicht gern in die Schule, weil es Angst hat, sich zu melden und vor der Klasse etwas sagen zu müssen? Wenn ja, lesen Sie bitte weiter im Abschnitt „Soziale Ängste und Unsicherheiten".

- Überprüfen Sie bitte, ob und in welcher Ausprägung die folgenden Aussagen auf Ihr Kind zutreffen (0 = nie/selten, 1 = manchmal, 2 = oft, 3 = sehr oft):

    Hat Ihr Kind Angst vor der Schule, weil...

    ... es Angst vor einer bestimmten Lehrkraft hat? _____

    ... es Angst vor bestimmten Klassenkameraden hat? _____

    ... es Angst hat vor Leistungsnachweisen (Klassenarbeiten etc.)?
    _____

- Geht es Ihrem Kind am Wochenende und in den Ferien besser?
  ❏ ja   ❏ nein

- Wie stark ist Ihr Kind in seinem Leben (Familienleben, Freizeit und/oder Schule) beeinträchtigt durch diese Angst?

0	1	2	3	4
gar nicht	ein wenig	mäßig	schwer	sehr schwer

→ Wenn eine der Aussagen unter dem dritten Punkt auf Ihr Kind in einer Ausprägung von mindestens „2" zutrifft, könnte eine Schul- und/oder Leistungsangst bei Ihrem Kind vorliegen.

4. Soziale Ängste und Unsicherheiten

Till ist schon als Kindergartenkind sehr schüchtern gewesen. Es hat lange gedauert, bis er sich dort zurecht fand. In der Schule zeigt er nur selten auf, weil er Angst hat, etwas falsches zu sagen. Er wirkt oft linkisch, verlegen und kann nur schwer anderen in die Augen schauen. Wenn seine Eltern Besuch bekommen, verzieht er sich am liebsten in sein Zimmer. Till hat nur einen Freund, in seiner Klasse ist er im Grunde ein Außenseiter. Wenn er zu einem Kind eingeladen wird, ist er vorher sehr nervös und macht sich große Sorgen. Tatsächlich stellt er sich bei anderen Kindern auch etwas ungeschickt an. Vor neuen Situationen hat Till Angst. Sein Vater erkennt in seinem Sohn sich selbst als Kind wieder.

Beschreibung

Soziale Ängste und Unsicherheiten bei Kindern sind gekennzeichnet durch
- die Furcht vor der Bewertung durch andere Personen: „Was denken andere wohl über mich?"
- Sorgen über bereits gezeigtes Verhalten: „Bestimmt habe ich mich wieder peinlich verhalten!"
- das starke Bedürfnis nach Rückversicherung: „Habe ich auch alles richtig gemacht?"
- das übermäßige Beobachten und Bewerten des eigenen Verhaltens in sozialen Situationen: „Ich bin der einzige, der sich beim Sprechen verspricht."

Anders ausgedrückt: diese Kinder haben Angst zu versagen, sich lächerlich zu machen, etwas falsch zu machen. Sie haben den großen Wunsch, liebenswert zu erscheinen, und gleichzeitig glauben sie, eben das nicht zu schaffen. So sind sie hin- und hergerissen zwischen ihren hohen Ansprüchen an sich selbst und ihrem (vermeintlichen) Versagen in sozialen Situationen. In solchen Situationen erröten sie häufig, sprechen leise oder stotternd, manche klagen auch über Übelkeit oder können nur schwer Blickkontakt halten.

All diese Sorgen und Schwierigkeiten können dazu führen, dass die betroffenen Kinder soziale Situationen meiden, weil sie dann ihren eigenen Ängsten auch nicht ausgesetzt sind. Sie versuchen, soziale und sportliche Ereignisse zu umgehen und sind in der Schule in ihren mündlichen Beiträgen oft sehr zurückhaltend. Zuhause fühlen sie sich sicher.

Sozial ängstliche Kinder leiden in der Folge häufig unter einem niedrigen Selbstwertgefühl, sie sind oft unsicher, sehr sensibel, einsam und sozial nicht so gut akzeptiert wie andere Kinder. Oft mangelt es ihnen auch an altersgerechten sozialen Fertigkeiten.

Unter *sozialen Fertigkeiten* versteht man einzelne Verhaltensweisen, die es uns ermöglichen, sozial zurechtzukommen: z.B. das Beginnen und Aufrechterhalten von Freundschaften und Bekanntschaften, das Zeigen von Zuneigung, die Fähigkeit, Konflikte angemessen zu lösen oder auch das Durchsetzen eigener Bedürfnisse. Voraussetzung dafür sind aber wiederum bestimmte Vorläuferfertigkeiten: Gefühle ausdrücken und bei anderen richtig erkennen, Blickkontakt halten, angemessen laut sprechen, sich in andere hineinversetzen etc. All diese Fertigkeiten erlernen Kinder von klein auf. Manchen fällt dies alles scheinbar in den Schoß, andere tun sich sehr schwer.

Häufigkeit und Verlauf

Leichte bis mittlere soziale Ängste finden sich schon im Kindesalter. Ausgeprägte soziale Ängste (die sogenannte Sozialphobie) beginnen meist erst mit dem frühen Jugendalter und kommen etwa bei 1-3% der Jugendlichen vor. Jungen und Mädchen sind gleichermaßen betroffen.

Kinder, die zu solchen sozialen Ängsten und Unsicherheiten neigen, sind häufig schon als Babies gehemmter und schwerer zu beruhigen, als Kleinkinder gelten sie oft als schüchtern. Eine ausgeprägte Sozialphobie erfordert immer eine psychotherapeutische Behandlung, da sie sich meist nicht von selbst gibt, sondern sich zunehmend verschlimmert und erhebliche weitere Beeinträchtigungen zur Folge haben kann (z.B. vollständige soziale Isolation, Depressionen).

Checkliste für Eltern

- Fühlt sich Ihr Kind in Situationen, in denen es mit anderen zusammen ist, oft ängstlich, aufgeregt, nervös und/oder unsicher? o ja o nein

- Macht Ihr Kind sich in diesen Situationen Sorgen, dass es sich peinlich oder ungeschickt verhalten könnte oder dass andere etwas schlechtes von ihm denken könnten? o ja o nein

- Kreuzen Sie an, auf welche der folgenden sozialen Situationen Ihr Kind mit Angst reagiert:

    ❏ Geburtstagsfeiern

    ❏ vor einer Gruppe / der Klasse sprechen

    ❏ sich mit anderen Kindern treffen

    ❏ mit fremden Erwachsenen oder Autoritätspersonen sprechen

    ❏ neue, ihm unbekannte Situationen

    ❏ in sozialen Situationen selbstsicher reagieren

- Wie stark vermeidet Ihr Kind solche sozialen Situationen:

0	1	2	3	4
gar nicht	selten	gelegentlich	häufig	immer

- Reagiert Ihr Kind in solchen Situationen auch körperlich (z.B. Erröten, Harndrang, Zittern, Übelkeit)? o ja o nein
- Macht Ihr Kind sich schon *vor* sozialen Situationen große Sorgen? o ja o nein
- Wie stark ist Ihr Kind in seinem Leben (Familienleben, Freizeit und/oder Schule) beeinträchtigt durch diese Angst?

0	1	2	3	4
gar nicht	ein wenig	mäßig	schwer	sehr schwer

→ Wenn Sie die meisten dieser Fragen mit „ja" bzw. mit mindestens „3" beantwortet haben, könnte es sein, dass bei Ihrem Kind eine soziale Ängstlichkeit und Unsicherheit vorliegt.

5. Überängstlichkeit („generalisierte Angststörung")

Michael wurde von seiner Mutter zu einem Training für ängstliche Kinder angemeldet. Im ersten Gespräch erzählt sie, dass Michael sehr sensibel sei und sich wegen allem möglichen Gedanken mache. So sei er nicht nur über seine Schulleistungen besorgt, sondern grübele auch tagelang über Fernsehnachrichten nach. Er stelle häufig Fragen über Krankheiten und Tod, die seine Mutter überfordern. Auch um sie mache er sich Sorgen und sei sehr ängstlich, wenn sie abends noch einmal weggehe, obwohl er ja schon 10 Jahre alt sei. Michael klage oft über Bauchschmerzen oder Kopfweh, er fürchte sich vor Prüfungen und stelle extrem hohe Ansprüche an sich selbst. Auf Kritik reagiere er ausgesprochen empfindlich, sein Selbstbewusstsein sei gering.

Beschreibung

Überängstliche Kinder machen sich große *Sorgen* um ihr Verhalten und ihre Leistungen. Diese Sorgen sind im Grunde andauernd vorhanden: zuhause, in der Schule, im Zusammensein mit anderen Kindern, in der Freizeit. Sie richten sich auf ganz alltägliche Ereignisse: so befürchten sie, in der Schule versagen zu können, sie haben Angst, dass den Eltern etwas passiert, oder sie machen sich Sorgen, dass es Krieg geben könnte. Überängstliche Kinder wirken oft befangen, angespannt und unsicher.

In dieser Angststörung kommen sozusagen viele andere Ängste zusammen: Leistungsangst, soziale Angst, körperliche Angst. Überängstliche Kinder neigen zum Grübeln und schaffen es häufig nicht, ihre vielen Sorgen zu stoppen. Sie sind oft perfektionistisch und reagieren sehr empfindlich auf Kritik. Die Sorgen sind häufig verbunden mit einer Reihe von körperlichen Beschwerden (wie z.b. Müdigkeit, Schlafproblemen, Bauchweh), Nervosität und Konzentrationsproblemen. Diese Kinder haben dann oft schulische Probleme, wenig Freunde und ein geringes Selbstwertgefühl.

Häufigkeit und Verlauf:

Überängstlichkeit findet man bei ca. 1-3% aller Kinder. Mädchen und Jungen sind gleichermaßen betroffen. Eine frühe Behandlung ist wichtig, da die Störung auch über Pubertät und frühes Erwachsenenalter hinweg anhalten kann.

Checkliste für Eltern

- Macht sich Ihr Kind viele Sorgen über alle möglichen Dinge, mehr Sorgen, als eigentlich nötig wären? o ja o nein

- Schafft Ihr Kind es offensichtlich nicht, diese Sorgen zu kontrollieren bzw. abzustellen? o ja o nein

- Beziehen sich diese Sorgen auf verschiedene Bereiche (z.B. Schule, soziale Situationen, Familie, mögliche Katastrophen)? o ja o nein

- Wie häufig wirkt Ihr Kind angespannt, ängstlich und befangen?

0	1	2	3	4
gar nicht	selten	gelegentlich	häufig	immer

- Wie stark ist Ihr Kind in seinem Leben beeinträchtigt durch diese Angst?

0	1	2	3	4
gar nicht	ein wenig	mäßig	schwer	sehr schwer

→ Wenn Sie die meisten dieser Fragen mit „ja" bzw. mit mindestens „3" beantwortet haben, könnte es sein, dass Ihr Kind zur Überängstlichkeit neigt.

6. Körperliche Symptome bei Angststörungen

Saskia wurde bei einer Kinderpsychologin vorgestellt, weil sie immer wieder über Bauchschmerzen klagte. Die Eltern hatten sie schon von allen möglichen Ärzten untersuchen lassen – immer ohne Ergebnis. Überhaupt neige Saskia zur Panik: wenn sie Angst habe, zittere sie am ganzen Körper, sie berichte über Atemnot, Übelkeit und das Gefühl, dass ihr der Kopf platze.

Beschreibung

Viele Kinder, die Angst haben, klagen über körperliche Beschwerden: Bauchschmerzen, Übelkeit, Kopfweh, Einschlaf- oder Durchschlafprobleme, Atemnot, Zittern. In extremeren Fällen kann es auch tagsüber wieder zum Einnässen oder Einkoten kommen. Diese Beschwerden können bei nahezu allen Angststörungen vorkommen, wie den Fallbeschreibungen ja auch zu entnehmen ist, sind also keine eigenständige Diagnose. Es gibt viele Kinder, die über ihre Ängste und Sorgen nicht sprechen können, stattdessen aber immer wieder solche körperlichen Probleme zeigen. Kinder mit solchen körperlichen Beschwerden werden oft als besonders brave und angepasste Kinder beschrieben, gewissenhaft und leistungsorientiert.

In jedem Fall ist es für die Eltern wichtig, bei einem Arzt abklären zu lassen, ob wirklich keine körperliche Ursache vorliegt (siehe Kapitel 9).

Bei solchen körperlichen Beschwerden muss man genau hinschauen, um die dahinter liegenden Ängste zu erkennen:

- Wenn die körperlichen Beschwerden vor allem morgens auftreten, im Verlauf des Tages aber rasch abklingen und in den Ferien gar nicht vorkommen, so weist das auf Ängste im Zusammenhang mit der Schule hin (siehe Abschnitt „Schul- und Leistungsängste").

- Wenn das Kind nervös erscheint, nicht gut schlafen kann und häufig Erkältungen oder Kopfschmerzen hat, so ist es vielleicht insgesamt eher ein überängstlicher Typ (siehe Abschnitt „Überängstlichkeit").

- Symptome wie Herzklopfen, Atembeschwerden oder Schweißausbrüche zeigen sich meist, wenn Kinder phobische Ängste haben und an das gefürchtete Objekt denken oder ihm gar begegnen (z.B. Hund, siehe Abschnitt „Phobien"); diese Symptome kann man bei starker Ausprägung auch als *situationsabhängige Panikattacken* bezeichnen.

Häufigkeit und Verlauf

Somatische Beschwerden ohne organischen Befund kommen bei etwa 2-10% der Kinder vor. Etwa bei der Hälfte dieser Kinder liegen emotionale Probleme (Ängste, Depressivität) vor. Bei einer Reihe der betroffenen Kinder liegen äußerliche Stresssituationen und/oder körperliche Erkrankungen eines Elternteils vor. Insgesamt ist das Gebiet noch sehr wenig erforscht.

7. Sonstige emotionale Störungen im Kindesalter

Es sollen hier noch kurz zwei Emotionalstörungen beschrieben werden, die mit Angststörungen eng verwandt sind: kindliche Depressionen und die sogenannte posttraumatische Belastungsstörung. Diese beiden Störungen sind sehr komplex und können hier nur kurz beschrieben werden. Sie erfordern in jedem Fall therapeutische Hilfe durch Fachleute.

Depressionen im Kindesalter

Auch Kinder können schon unter Depressionen leiden. Diese Störung wird im Kindesalter oft übersehen. Depressive Kinder...

... sind häufig traurig, bedrückt und weinen,

... wirken gehemmt und lustlos,

... haben keine Lust mehr zum Spielen, ziehen sich von Aktivitäten und ihren Freunden zurück,

... klagen über viele körperliche Beschwerden,

... haben Schuldgefühle und sehen sich selbst und ihre Zukunft negativ.

Depressive Kinder haben oft weniger Freunde und werden von anderen häufig gehänselt oder abgelehnt. Tatsächlich sind ihre sozialen Fertigkeiten oft nicht altersgemäß entwickelt. Da sie teilweise Schwierigkeiten haben, sich zu konzentrieren, kann es zu schulischen Problemen kommen. Manche dieser Kinder reagieren auch gereizt und aggressiv zu Hause. Häufig klagen depressive Kinder auch über verschiedene Ängste.

Etwa 2% der Grundschulkinder gelten als depressiv. In diesem Alter sind Mädchen und Jungen gleichermaßen betroffen, in der Pubertät dagegen leiden Mädchen deutlich öfter unter Depressionen.
Wenn ein Kind depressiv ist, sollte die Familie immer psychotherapeutische Hilfe suchen.

Folge einer traumatischen Belastung: die posttraumatische Belastungsstörung

Mit einer sogenannten „posttraumatischen Belastungsstörung" reagieren manche Menschen auf ein stark belastendes Ereignis wie z.b. Todesfälle in der Familie, Unfälle, Verbrechen, Naturkatastrophen, Kampf- und Kriegshandlungen, Folterung, Vergewaltigung, Terrorismus. Die Belastungsstörung geht dabei weit über eine „normale" Reaktion auf solche schlimmen Erlebnisse hinaus: die betroffene Person wird immer wieder von lebhaften Erinnerungen gequält und fühlt sich wie betäubt und abgestumpft. Sie ist lustlos, gleichgültig, zieht sich zurück und hat auf nichts mehr Lust. Es kann zu heftigen Angst- oder auch Aggressionsanfällen kommen.

Im Kindesalter gibt es diese schwere und sehr belastende Störung auch. Sie kann sich bei Kindern entwickeln, die Gewalt innerhalb der Familie ausgesetzt sind, die also entweder selbst psychisch oder körperlich missbraucht werden oder aber zusehen müssen, wie ihre Mütter misshandelt werden. Wie auch bei Erwachsenen werden die betroffenen Kindern von starken, immer wiederkehrenden Erinnerungen heimgesucht. Diese Erinnerungen tauchen vor allem in ruhigen Situationen auf, so auch beim Einschlafen. Jüngere Kinder drücken diese Gedanken vor allem im Spiel oder in Bildern aus. Weiterhin kommt es bei Kindern zu verschiedenen Ängsten: Angst vor dem Dunkeln, Trennungsangst, Phobien, Alpträume. Die Kinder sind auch häufig sehr gereizt und zeigen aggressive Verhaltensweisen. Es kommt zu Konzentrations- und Gedächtnisproblemen und Nervosität. Ältere Kinder entwickeln manchmal auch Schuldgefühle darüber, überlebt zu haben.

Eine solche posttraumatische Belastungsstörung entwickelt sich nicht bei allen Kindern, die ein stark belastendes Ereignis erlebt haben. Je stärker allerdings das Trauma, umso wahrscheinlicher ist das Auftreten dieser Störung.

Bei Kindern, die ein Elternteil verlieren, kann es zu einer abgemilderten Form, der sogenannten *Anpassungsstörung,* kommen. Beide Störungen erfordern unbedingt die Behandlung durch einen Fachmann.

8. Ängste als Folgen anderer Störungen

Es gibt auch Kinder, deren Ängstlichkeit Folge einer ganz anderen Problematik oder Störung ist. Für Schulkinder sind hier besonders die folgenden beiden Störungen von Bedeutung:

a) Aufmerksamkeitsstörung („Hyperaktivität", „ADS")

Kinder mit einer Aufmerksamkeitsstörung haben Probleme, sich zu konzentrieren, aufzupassen und durchzuhalten. Manche dieser Kinder sind auch hyperaktiv, also ständig in Bewegung, unruhig und impulsiv (unbeherrscht). Andere wiederum sind eher zu langsam, vergesslich, wirken verträumt und gedankenabwesend. Wenn eine Aufmerksamkeitsstörung stark ausgeprägt ist, kann es zu erheblichen Schwierigkeiten für das betroffene Kinder kommen:

- Wegen der mangelnden Konzentration, dem falschen Arbeitstempo (zu schnell und flüchtig oder aber viel zu langsam) und Gedächtnisschwächen kommt es zu schlechteren schulischen Leistungen, als aufgrund der Begabung des Kindes zu erwarten wäre („Ihre Tochter könnte wesentlich mehr leisten, wenn sie nur besser aufpassen würde"). Die Hausaufgabensituation und das Lernen bringen Eltern und Kinder oft an den Rand des Nervenzusammenbruchs.

- Die starke Impulsivität führt zu sozialen Konflikten, die betroffenen Kinder haben oft wenig Freunde, ecken immer wieder an und werden von anderen abgelehnt. Es kommt zu häufigen Streitereien zwischen Geschwistern.

- Die Eltern sind in der Erziehung dieser Kinder oft überfordert. Durch das ständige Ermahnen und Bestrafen verschlechtert sich die Beziehung zwischen Eltern und dem Kind. Von außen wird den Eltern oft gesagt, sie hätten wohl bei der Erziehung versagt.

Diese vielfältigen Probleme, mit dem aufmerksamkeitsgestörte Kinder täglich konfrontiert sind, führen häufig zu einem schwachen Selbstbewusstsein („ich bin nicht so gut wie andere Kinder, obwohl ich mich doch auch anstrenge", „andere Kinder mögen mich nicht", „Mama und Papa sind nur am schimpfen, ich bin immer alles schuld"). Manche dieser Kinder entwickeln starke Lern- und Leistungsängste wegen der dauernden Misserfolgserfahrungen, andere tendieren zu körperlichen Beschwerden, einige werden auch depressiv oder ziehen sich sozial zurück.
Wenn Sie eine Aufmerksamkeitsstörung bei Ihrem Kind vermuten, sollten Sie sich an einen Facharzt für Kinder- und Jugendpsychiatrie oder eine Erziehungsberatungsstelle wenden (siehe Adressenteil). Es gibt auch sehr gute Ratgeber zu diesem Störungsbild, so z.B. von Aust-Claus und Kollegen. Im Internet finden sich vielfältige Informationen, allerdings mit sehr unterschiedlicher Qualität (siehe dazu www.dr-oehler.de).

b) Teilleistungsstörung (Legasthenie/Lese-Rechtschreib-Störung, Dyskalkulie/Rechenstörung)

Bis zu 10% aller Kinder haben eine sogenannte Teilleistungsstörung: sie sind in einem Teilbereich schulischer Fertigkeiten auffallend schwach, deutlich schwächer auch, als aufgrund ihrer Intelligenz zu erwarten wäre. Drei Bereiche können betroffen sein: das Rechtschreiben, das Lesen oder das Rechnen. Man kann sich leicht vorstellen, dass diese Kinder es in der Schule sehr schwer haben, insbesondere, wenn eine solche Störung von den Lehrern nicht erkannt und berücksichtigt wird. Viele dieser Kinder fühlen sich als Versager und haben ein schlechtes Bild von sich selbst und ein geringes Selbstbewusstsein. Insbesondere bei unerkannten Teilleistungsstörungen können sich als Folge ganz erhebliche Schul- und Leistungsängste einstellen, die häufig auch mit körperlichen Beschwerden einhergehen.

Beim Verdacht auf eine solche Teilleistungsstörung sollten Sie sich an den zuständigen Schulpsychologen wenden, der entsprechende Testungen und Beratungen durchführen kann. Informationen bekommen Sie auch unter www.legasthenie.net, www.legasthenie.org oder www.schulpsychologie.de.

Überblick

In dem nachfolgenden Kasten haben wir für Sie die wichtigsten Angststörungen im Kindesalter noch einmal zusammengefasst.

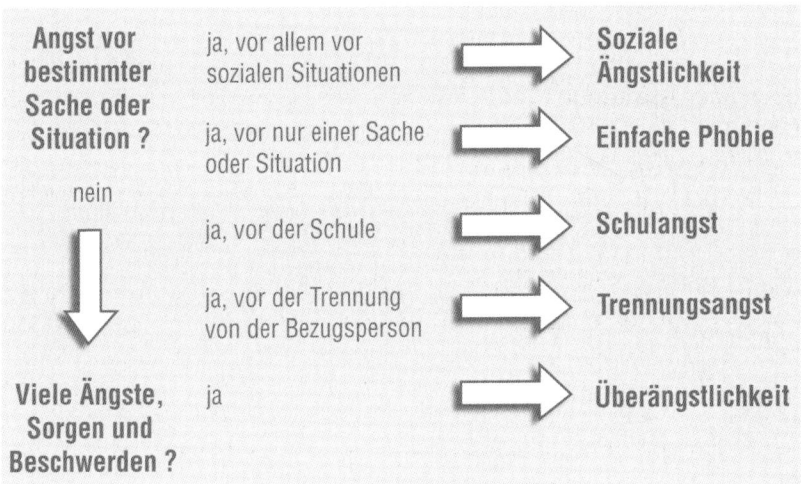

3.2 „... und welche Ängste hat mein Kind?"
– Beobachtungsübungen für Eltern

Vor der Therapie steht immer das genaue Beobachten! Zweifelsohne haben Sie schon eine ganze Menge beobachtet, sonst hätten Sie diesen Ratgeber nicht angeschafft. Es lohnt sich aber immer ein zweiter Blick – dabei wollen wir Ihnen ein bisschen helfen.

Übung 1: Wie sieht die Angst bei meinem Kind aus?

Bei jedem Kind äußert sich Ängstlichkeit anders. Es ist wichtig, sich die verschiedenen Angstebenen klar zu machen: körperliche Zeichen, sprachliche Äußerungen, Verhaltensweisen, Gefühlsäußerungen.

→ **Wie äußert sich die Angst bei Ihrem Kind, d.h. woran merken Sie, dass Ihr Kind sich fürchtet?**
Bei meinem Kind äußert sich Angst vor allem...

- ❏ auf der *körperlichen* Ebene (z.B. Bauch- oder Kopfweh, Einnässen), nämlich mit ...

- ❏ indem es darüber *redet*, es äußert z.B. Sätze wie ...

- ❏ auf der *Verhaltensebene* (z.B. durch Klammern, Schreien, Weglaufen), nämlich indem es ...

- ❏ auf der *Gefühlsebene* (z.B. durch Wut, Weinen, Panik), nämlich mit ...

Mit wem spricht das Kind am ehesten über seine Ängste?

☺ **Einbezug des Kindes:**
☺ Sie können Ihr Kind um Folgendes bitten: „Male dich doch einmal, wie du aus siehst, wenn du Angst hast." Es kann aber sein, dass diese Übung Ihrem Kind noch sehr schwer fällt. Dazu gibt es vorbereitende Übungen im Kinderteil!

Übung 2: Über welche sozialen Fertigkeiten verfügt mein Kind?

→ **Ein weiterer wichtiger Punkt sind die sozialen Fertigkeiten eines Kindes.** Bei folgenden sozialen Fertigkeiten hat mein Kind **Probleme** (bitte **blau** ankreuzen, zutreffende Beispiele unterstreichen und ggf. selbst ergänzen) bzw. **Stärken** (bitte **rot** ankreuzen):

- ☐ Sprechen (z.B. zu leise, zu laut, stotternd, undeutlich, nur nach Aufforderung, kann nur schwer über Gefühle sprechen)

- ☐ Blickkontakt halten (z.B. schaut anderen kaum in die Augen)

- ☐ Durchsetzungsvermögen (z.B. kann sich nicht wehren, kann eigene Interesse nicht gut durchsetzen, lässt sich von anderen „benutzen")

- ☐ Kontakt knüpfen (z.B. auf andere Kinder zugehen, Gespräch beginnen)

- ☐ Kontakt aufrechterhalten (z.B. andere Kinder anrufen, Verabredungen treffen)

- ☐ Freundschaften (z.B. keine, wenige, nur flüchtige)

- ☐ Gruppenverhalten (z.B. ist Außenseiter, „Klassenkasper")

- ☐ Mimik (z.B. verlegenes Lächeln, wenig ausdrucksvoll, Augenzwinkern, wirkt meist ernst)

- ☐ Verhalten (z.B. nervös, kaut an Fingernägeln, wirkt innerlich unruhig)

- ☒ Umgang mit Misserfolgen (z.B. schnell resigniert, wütend)

- ☐ Umgang mit Anforderungen (z.B. sagt zu allem erst mal nein, ist übermäßig höflich und angepasst, tut zu viel für andere)

- ☒ Wesen (z.B. nimmt alles sehr ernst, eher schüchtern, sorgt sich schnell, geringes Selbstbewusstsein, traut sich wenig zu, fragt erstmal bei Mama oder Papa nach)

- ☐ Umgang mit Kritik (z.B. empfindlich, fängt an zu weinen, will immer alles richtig machen) wird wütend, nimmt es sich zu...

 # Angst: anderes Denken, anderes Handeln, anderes Fühlen

Wenn man ängstlichen Kindern helfen will, muss man sich etwas genauer anschauen, was in ihren Köpfen und Herzen vorgeht. Dann werden ihre Handlungen nachvollziehbarer. Eltern können so lernen, worauf sie bei ihren Kindern achten und wie sie sich ihnen gegenüber verhalten sollten.

1. Das Denken und Handeln ängstlicher Kinder

Menschen unterscheiden sich darin, wie sie denken, d.h. wie sie ihre Handlungen planen, wie sie Situationen und Handlungen beurteilen oder wie sie sich selbst einschätzen. Impulsive Menschen überlegen sich häufig nicht, welche Konsequenzen ihre Handlungen haben und folgen ihrer ersten Eingebung; unglückliche Menschen beurteilen alles pessimistisch; phlegmatische Menschen wägen alles gründlich ab und entschließen sich zu Handlungen nur langsam und bedächtig.

Psychologen beschreiben das „Denken" gerne als Verarbeitung von Informationen. Wie bei jedem Arbeitsprozess können verschiedene Etappen unterschieden werden, in denen es zu „Fehlern" kommen kann (denken Sie beispielsweise an die einzelnen Schritte beim Bakken eines Kuchens). Wir werden Ihnen die einzelnen Denkschritte vorstellen und erläutern, was bei ängstlichen Kindern (und übrigens auch ängstlichen Erwachsenen) anders abläuft als es normalerweise der Fall ist. Um das ganze etwas leichter zu machen, verwenden wir zwei einfache Beispiele: der achtjährige Tom, der große Angst vor Hunden hat (Phobie), und die neunjährige Sylvie, die in sozialen Situationen sehr ängstlich und unsicher ist.

a) Die erste Wahrnehmung einer Information

Um uns herum passieren viele Dinge – aber wir nehmen nur einige wenige davon wahr. Welche Reize wir herausfiltern, ist nicht bloßer Zufall: es hängt vor allem davon ab, worauf wir unsere Aufmerksamkeit richten. Ängstliche Kinder richten ihre Aufmerksamkeit vor allem auf Informationen, die für sie *bedrohlich* und *angstauslösend* sind. Diese nehmen sie besonders sensibel wahr.

Tom fährt mit seinem Freund Fahrrad. Plötzlich hört er ganz schwach das Bellen eines Hundes. Er bekommt sofort Panik und will nach Hause fahren. Sein Freund kann das nicht verstehen und sagt, er habe überhaupt keinen Hund gehört, man könne ja auch meilenweit keinen sehen.
Sylvie kommt zu einem Kindergeburtstag. Sie ist schon sehr angespannt und hat Angst. Als sie ins Kinderzimmer kommt, sieht sie unter all den Kindern sofort das Mädchen, dass sie in der Schule immer ärgert. Dass ihre einzige Freundin auch da ist, merkt sie erst später.

b) Die Interpretation einer Information

Wenn wir einen Reiz wahrgenommen haben, können wir ihn auf die eine oder andere Art interpretieren. Ängstliche Kinder neigen dazu, gewisse Dinge als bedrohlich zu interpretieren, obwohl das gar nicht der Fall ist.
Weiter geben sich ängstliche Kinder für Misserfolge häufig selbst die Schuld, auch wenn sie gar nichts dafür können („Ich bin einfach zu doof, deshalb schreibe ich immer schlechte Noten"). Wenn ein Misserfolg eintritt, glauben sie, dass das in der Zukunft noch öfter der Fall sein wird (pessimistisch). Sie unterschätzen auch ihre Fähigkeiten, mit schwierigen Situationen fertig zu werden, trauen sich also zu wenig zu. Oft denken sie auch, andere wären absichtlich böse zu ihnen, und sie haben Schwierigkeiten zu durchschauen, wenn eine Person sich nach außen hin anders verhält, als ihr innerlich zumute ist. Insgesamt beschäftigen ängstliche Kinder sich zu sehr mit ihren Bedenken und zu wenig mit positiven Gedanken. Dies gilt insbesondere für überängstliche und sozial ängstliche Kinder.
Die amerikanische Psychologin Katharina Manassis beschreibt folgende „Denkfehler", die sich bei ängstlichen und depressiven Kindern und Jugendlichen finden lassen[2] (siehe Tabelle S. 34).

Tom geht mit seiner Mutter einkaufen. Auf der Straße geht ein Mann mit seinem angeleinten Hund. Toms Mutter merkt seine Anspannung und versucht ihn zu beruhigen. Als der Hund aber bellt, klammert sich Tom an seine Mutter. Dass es ein freudiges Bellen ist und der Hund mit dem Schwanz wedelt, nimmt Tom in seiner Angst nicht wahr.

---

[2] Manassis, K. (1996). Keys to parenting your anxious child. New York: Barron's. Vergleiche auch Hautzinger, M. (1998). Depression. Göttingen: Hogrefe.

Denkfehler	Art	Beispiel
Voreilige Schlussfolgerungen	Negative Schlussfolgerung, obwohl keine Fakten dafür sprechen.	„Nina hat mich heute morgen nicht gegrüßt, also hasst sie mich", auch wenn Nina bisher immer sehr nett war.
Übertriebene Verallgemeinerungen	Ein einziges negatives Ereignis wird verallgemeinert.	Till schießt einmal aus Versehen den Ball ins Aus und denkt: „Ich bin ein schlechter Fußballer".
Geistiger Filter	Nur ein negatives Detail wird beachtet, auch wenn alles andere positiv war.	„Ich habe mein Gedicht schlecht vorgetragen, denn Tommy hat nicht geklatscht", auch wenn alle anderen geklatscht haben.
Über- und Untertreibung	Manche Dinge werden über- (z.B. eigene Fehler), andere unterschätzt (z.B. eigene Fähigkeiten).	„Die ganze Straße ist voller gefährlicher Hunde [Über-] und ich kann nichts dagegen tun [Untertreibung]."
Dinge persönlich nehmen	Der Glaube, für alle möglichen Dinge persönlich verantwortlich zu sein.	„Da hinten hat jemand gelacht, der lacht bestimmt über mich."
Alles-oder-Nichts-Denken	Schwarz-Weiß-Denken	„Nur eine 3 in Mathe – ich bin ein totaler Versager."
Schuld-Irrtum	Andere sind schuld an meinen Probleme oder aber ich bin für alles verantwortlich.	„Meine Eltern haben sich nicht mehr lieb, weil ich so schlecht in der Schule bin."
Fairness-Irrtum	Nur was ich will, ist fair.	„Es ist nicht fair, dass ich zurselben Zeit ins Bett muss wie meine Schwester!"
Änderungs-Irrtum	Andere müssen sich ändern oder etwas bestimmtes tun, damit ich glücklich werde.	„Wenn die Nachbarn den Hund verkaufen, brauche ich keine Angst mehr haben."
Erwartungsdruck	Sich selbst unter Druck setzen mit Normen und Erwartungen.	„Ich muss, ich muss, ich muss gut sein in der Schule!"

Sylvie traut sich ausnahmsweise einmal, in der Schule aufzuzeigen und etwas zu sagen. Als ihre Antwort falsch ist, beschließt sie innerlich, nie mehr etwas zu sagen, da sie „ja immer alles falsch macht" und Angst hat, dass die Lehrerin sie für blöd hält.

c) Die Reaktion auf eine Information

Wenn man ein Problem vor sich hat, bieten sich zwei Reaktionsmöglichkeiten an: ich versuche es zu lösen oder ich gehe ihm aus dem Weg. Es ist ganz normal und unter Umständen auch lebensrettend, wenn man auf etwas stark Angstauslösendes mit Flucht reagiert (z.B. Feuer). Wenn ein Mensch aber auf etwas mit Flucht und Vermeiden reagiert, was sehr häufig vorkommt, dann hat derjenige bald ein Problem, weil er in seinem Leben zunehmend eingeschränkt ist. Denken Sie beispielsweise an einen Geschäftsmann, der oft nach Übersee muss, aber panische Angst vor dem Fliegen hat – er wird schnell Probleme in seinem Job bekommen. Oder eine Hausfrau, die Angst vor Spinnen hat und sich schließlich nur noch in dem einen Raum des Hauses aufhalten will, wo angeblich keine Spinnen sind. Auch die Angst vor dem Zahnarzt lässt viele Menschen den Zahnarztbesuch über lange Jahre vermeiden – mit entsprechenden negativen Folgen.

Hinzu kommt, dass dieses Vermeidungsverhalten ausschließt, dass man lernt, mit ängstigenden Dingen richtig umzugehen und sie zu bewältigen. Das hat zur Folge, dass die Angst immer größer wird, der Alltag immer schwieriger und so weiter. Und schon ist man als Erwachsener oder Kind in einem Angstkreislauf drin. Dazu zwei Beispiele (Tom und Sylvie):

Angst vor Hunden

Vermeidung von Hunden
(z.B. bestimmte Straßen, wo es Hunde gibt, vermeiden)

angemessener Umgang mit Hunden wird nicht gelernt
(z.B. auf Körpersignale des Hundes achten,
sich langsam nähern)

Angst vor Hunden wird noch größer

Vermeidung von Hunden wird noch stärker
(z.B. gar nicht mehr rausgehen)

zunehmend Einschränkung des Alltags mit
entsprechenden Folgeproblemen
(z.B. Spielen mit anderen Kindern wird unmöglich)

Angst sich zu blamieren vor anderen Kindern

Vermeidung von sozialen Situationen
(z.B. Mitspielen in der Pause)

angemessener Umgang mit anderen Kindern
wird nicht gelernt
(z.B. wie spreche ich jemand an, wie beteilige ich mich
an Spielen, wie gehe ich mit Misserfolg um)

Angst sich zu blamieren wird noch größer

Vermeidung von sozialen Situationen wird noch stärker
(z.B. mit anderen Kindern wird gar nicht mehr gesprochen,
wenn nicht unbedingt nötig)

schwere Folgeprobleme
(keine soziale Kontakte mehr, keine altersgemäßen
sozialen Fertigkeiten, Außenseiterstellung, Einsamkeit,
Unglücklichsein)

Das heißt, dass man ängstlichen Kindern in zweierlei Hinsicht helfen muss: beim *Abbau des Vermeidungsverhaltens* und beim *Aufbau von Fertigkeiten* zum Umgang mit den gefürchteten Situationen. Wenn eine Frau bei einem platten Reifen ihren Mann anruft, um ihr zu helfen, so reicht es eben nicht, wenn der Gatte sagt: „Das musst du allein schaffen" – er muss ihr schon auch zeigen, wie man konkret einen Reifen wechselt.

2. Der Umgang mit Gefühlen bei ängstlichen Kindern

Einige Personen schaffen es, auch in schwierigen Situationen ganz ruhig zu bleiben, während andere voller Panik reagieren oder wie gelähmt sind. Man spricht hier von der Fähigkeit, Gefühle zu regulieren: wie schnell spüre ich Angst (Ärger, Wut, Freude, Depression usw.) und wie stark ist das Gefühl? Diese Unterschiede in der Gefühlsregulation gibt es schon bei Babies, wie jede Mutter weiß.

Die Fähigkeit, mit Gefühlen angemessen umzugehen, ist sehr wichtig für das soziale Verhalten eines Kindes. Wenn ein Kind sehr unbeherrscht ist und aggressiv reagiert, wird es schnell zu erheblichen Problemen kommen. Ängstliche Kinder reagieren vorschnell mit Angst und haben dann Schwierigkeiten, sich selbst zu beruhigen und zu entspannen. Sie greifen zwar andere nicht an, ziehen sich aber häufig zurück und haben nur noch wenige soziale Kontakte. Außerdem wissen sie nicht, wie man die Angst verringern kann und wählen dazu häufig die falschen Strategien – nämlich Vermeiden und Umgehen.

Im Umgang mit anderen Menschen ist weiterhin sehr wichtig, dass der Mensch zuverlässig erkennen kann, was der Gegenüber fühlt – man muss also als Kind lernen, den Gesichtsausdruck und die Gestik eines anderen richtig zu interpretieren. Nur dann kann man richtig reagieren, so z.B. auf Trauer mit Trost, auf Freude mit Lob etc. Umgekehrt lernen wir auch, wie wir selbst Gefühle ausdrücken, damit der eigene Zustand beim Gesprächspartner richtig „ankommt". Dies hat Konsequenzen: Leute, die sehr „expressiv" sind, also ihre Gefühle deutlich ausdrücken, haben im Allgemeinen mehr soziale Kontakte als verschlossene Menschen.

In einigen Untersuchungen haben sich nun Hinweise darauf ergeben, dass sozial ängstliche Kinder Probleme in diesen Bereichen haben: sie können Gefühle bei anderen weniger gut erkennen und drücken eigene Gefühle nicht so gut aus. Möglicherweise ist dies ein Grund, warum sozial ängstliche Kinder Probleme haben, Freundschaften zu schließen. Übrigens zeigten auch die Mütter dieser Kinder weniger intensive Gefühlsausdrücke.

5. Wie entstehen kindliche Angststörungen?

Bei allen Problemen im Leben gibt es dafür nicht nur einen Grund, sondern es kommen mehrere Ursachen zusammen. So ist es auch bei ängstlichen Kindern: eine Reihe von Ursachen können für Ängste verantwortlich sein. Wir werden Ihnen wichtige Faktoren vorstellen, die bei der Entwicklung von Angststörungen eine Rolle spielen können. Bitte beachten Sie aber, dass letztendlich immer der Einzelfall betrachtet werden muss, um zu erkennen, welche Gründe zur aktuellen Angstsymptomatik geführt haben.

> ✓ Überlegen Sie gemeinsam mit Ihrem Partner, welche Gründe es für die Ängste Ihres Kindes geben kann. Grübeln Sie aber nicht ständig darüber, und suchen Sie vor allem die Schuld nicht nur bei sich. Der Begriff „Schuld" ist sowieso sehr wenig hilfreich.

Die internationale Forschung befasst sich noch nicht allzu lange mit kindlichen Angststörungen. Es wurden aber bereits eine Reihe von Faktoren identifiziert, die bei vielen ängstlichen Kindern eine wichtige Rolle spielen. Diese Faktoren werden wir Ihnen anhand eines sogenannten *Störungsmodells* nacheinander vorstellen. Wie der Name schon sagt, ist es ein Modell, also eine theoretische Annahme darüber, welche Faktoren bei der Entstehung von Angststörungen eine wichtige Rolle spielen. Bildlich betrachtet, wollen wir die Kästchen mit den Fragezeichen mit Inhalten füllen:

Faktor 1?	Faktor 2?	Faktor 3?	Faktor 4?
⇩	⇩	⇩	⇩

Angststörungen im Kindesalter

Die Einflüsse, die wir Ihnen erklären werden, sind sogenannte *Risikofaktoren*. Unter einem Risikofaktor versteht man einen Einfluss, der die Wahrscheinlichkeit für das Auftreten einer Störung erhöht. Es ist aber keinesfalls so, dass das Vorliegen eines bestimmten Risikofaktors zu einer Störung führen *muss* – lediglich das Risiko ist erhöht. Zwei Beispiele dazu:

> Rauchen: Rauchen ist ein Risikofaktor für Krebs – man hat als Raucher ein höheres Risiko, an Krebs zu erkranken, aber Rauchen führt nicht zwangsläufig zu Krebs. Einige Raucher werden 80 Jahre alt, ohne an Krebs zu erkranken.
>
> Frühgeburt: Frühgeborene haben ein erhebliches Risiko, verschiedene Entwicklungsverzögerungen zu erleiden, aber es gibt auch eine Reihe frühgeborener Kinder, die sich weitgehend unauffällig entwickeln.

Die Wahrscheinlichkeit für viele Krankheiten und Störungen erhöht sich häufig dramatisch, wenn mehrere Risikofaktoren zusammentreffen.

Die wichtigsten Faktoren bei kindlichen Ängsten werden wir Ihnen nachfolgend vorstellen:

(1) Biologische Einflüsse: Vererbung, Temperament
(2) Einflüsse der sozialen Umwelt: Eltern, Schule, Medien
(3) Angstauslösende Erlebnisse

1. Biologische Einflüsse

Ein Kind kommt nicht als „unbeschriebenes Blatt" auf die Welt, sondern ist bereits mit einer Reihe von Eigenschaften ausgestattet. Hier sind besonders drei Bereiche wichtig: die Vererbung von Angststörungen, Einflüsse während Schwangerschaft und Geburt sowie das Temperament eines Kindes.

1.1 Vererbung von Angststörungen

Wir hören immer wieder von Eltern: „Na, eigentlich wundert mich das nicht, dass mein Sohn so ängstlich ist, ich bin genau so, das hat er von mir geerbt." Das kann richtig sein – es kann aber auch etwas anderes entscheidend sein: nämlich die Tatsache, dass der Sohn sich das Verhalten des Elternteils schlicht und ergreifend abgeschaut hat. Sie können sich vorstellen, dass es schwierig ist zu untersuchen, welchen Einfluss die Gene und welchen die Umwelt haben. Entsprechend uneinheitlich sind auch die bisherigen Forschungsergebnisse: es lässt sich keinesfalls sagen, dass Kinder von angstgestörten Eltern auch mit großer Wahrscheinlichkeit angstgestört sein werden aufgrund irgendwelcher genetischer Einflüsse. Den größten genetischen Einfluss scheint man bei sehr stark ausgeprägten kindlichen Angststörungen zu finden.

Für Eltern und Therapeuten können diese Ergebnisse eine Entlastung sein:

1. Es muss also nicht so sein, dass Kinder von ängstlichen Eltern „automatisch" auch ängstlich sind, und
2. Angststörungen sind nicht genetisch unabänderlich festgelegt wie die Haar- oder Augenfarbe, sondern sie können verändert (therapiert) werden.

1.2 Einflüsse während Schwangerschaft und Geburt

In einer großen deutschen Studie fanden sich für Grundschulkinder mit Ängsten folgende Auffälligkeiten:

- Sozial ängstliche Kinder hatten überzufällig häufig ein niedriges Geburtsgewicht (unter 1500g).

- Mütter sozial ängstlicher Kinder litten häufiger unter einer Schwangerschaftsgestose (Bluthochdruck).

- Bei Kindern mit Trennungsangst handelte es sich überzufällig häufig um unerwünschte Schwangerschaften.

Diese Auffälligkeiten spielten bei aggressiven oder aufmerksamkeitsgestörten Kindern keine Rolle, stellen also möglicherweise spezielle Risiken für die Ausbildung von Ängsten dar (starker Stress in der Schwangerschaft zum Beispiel ist kein spezielles Risiko, sondern kann zu allen möglichen Störungen und Problemen führen).
Bitte vergessen Sie aber nicht: ein niedriges Geburtsgewicht kann, muss aber nicht zu sozialer Ängstlichkeit führen usw.

1.3 Temperament

Als Mutter oder Vater kann man sich häufig nur wundern: man schaut sich seine Kinder an, die unterschiedlicher nicht sein können in ihren Temperamenten, obwohl sie doch die gleichen Eltern haben und in der selben Umgebung aufwachsen. Der eine Sohn mag draufgängerisch und kaum zu bremsen sein, während sein Bruder zurückhaltend, ängstlich und überkorrekt ist. Solche Temperamentsunterschiede lassen sich häufig schon im Babyalter beobachten.

Im frühen Kindesalter fallen zwei Temperamente besonders auf: gehemmt/schüchterne und extrovertiert/nicht gehemmte Kinder. Gehemmte und schüchterne Kinder sind ängstlich in neuen Situationen, bleiben lieber in der Nähe der Mutter und sind eher vorsichtig und ruhig. Diese Gruppe von Kindern hat ein erhöhtes Risiko, im Grundschulalter eine Angststörung zu entwickeln. Dies ist besonders dann der Fall, wenn die Schüchternheit sehr stark ausgeprägt ist und über einen langen Zeitraum besteht.

> ✓ Akzeptieren Sie das schüchterne oder ängstliche Temperament Ihres Kindes. Vergleichen Sie es nicht mit anderen Kindern oder seinen Geschwistern. Helfen Sie ihm, mit den Schwierigkeiten, die sich daraus manchmal ergeben, umzugehen. Vergessen Sie nicht, die positiven Seiten eines zurückhaltenden Menschen zu sehen und sich selbst und vor allem auch Ihrem Kind klar zu machen. Sie sind z.B. oft sensibler und damit einfühlsamer anderen gegenüber. Wichtig ist, dass Ihr Kind sich von Ihnen mit seinem Naturell angenommen fühlt.

Was könnte zu einem solchen Zusammenhang zwischen Schüchternheit und Angst führen? Amerikanische Forscher auf diesem Gebiet haben dazu folgende Idee gehabt, auf die wir in einem späteren Kapitel noch einmal zurückkommen werden:

> Ein gehemmtes, schüchternes Baby ruft bei seinen Eltern schnell ein überbehütendes Verhalten hervor, insbesondere wenn ein Elternteil selbst eher ängstlich ist. Das führt dazu, dass ihm die Eltern schwierige Dinge abnehmen. Dies wiederum ermöglicht dem Kind aber nicht, diese Dinge zu lernen, und seine Ängstlichkeit davor wird größer. Worauf die Eltern mit noch mehr Überbehüten reagieren – und schon ist man in einem Teufelskreis drin.

Ein Teufelskreis ähnlich denjenigen im Kapitel „Denken und Fühlen ängstlicher Kinder" – nur das hier jetzt noch das Verhalten der Eltern eine wichtige Rolle spielt.

Sylvie war schon als Baby ängstlich und reagierte mit starker Unruhe und Weinen auf ihr unbekannte Situationen. Sie ließ sich dann von den Eltern nur schwer beruhigen. Als Kleinkind wollte sie immer ihre Mutter in der Nähe haben. Dem kam ihre Mutter auch nach, denn sie selbst war ein ängstliches Kind gewesen und hatte sich früher oft allein gelassen gefühlt mit ihren Ängsten. Sie arrangierte auch Kontakte zu anderen Kindern, weil Sylvie sich dies nicht traute. Ihr Mann warf ihr vor, Sylvie zu „verzärteln".

Ein Blick auf unser Störungsmodell ...

In diesem Kapitel haben wir den biologischen Bereich mit drei wichtigen Risikofaktoren kennengelernt und können beginnen, unser Störungsmodell aufzubauen:

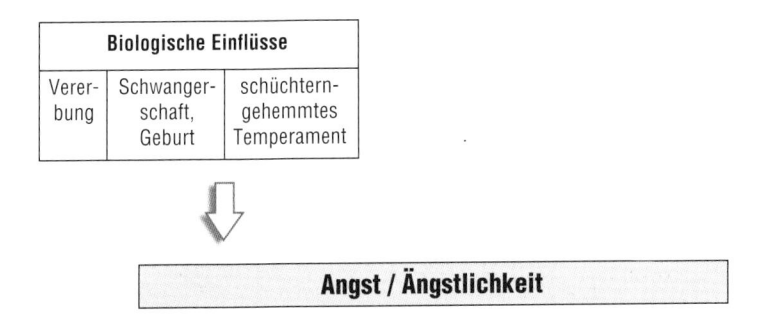

Biologische Einflüsse		
Vererbung	Schwangerschaft, Geburt	schüchtern-gehemmtes Temperament

⬇

Angst / Ängstlichkeit

Man braucht kein Fachmann zu sein, um festzustellen, dass das nicht alles sein kann an Einflüssen, weshalb wir uns jetzt einem weiteren wichtigen Bereich zuwenden: den Erfahrungen, die ein Kind in seiner Umwelt macht.

2. Einflüsse der sozialen Umwelt

Die wichtigsten Umwelteinflüsse in der Kindheit sind natürlich die Familie, die Freunde und die Schule. Wie sich schon im letzten Kapitel angedeutet hat, steht das Kind mit seinen biologischen Anlagen ja nicht allein in der Welt – Eltern, Geschwister, andere Kinder, Lehrer usw. reagieren z.B. auf sein Temperament. Wir werden Ihnen nun mehrere Arten von Umwelteinflüssen vorstellen, die sich als wichtig im Zusammenhang mit kindlichen Ängsten herauskristallisiert haben.

2.1 Bindung zwischen Mutter und Kind

Der früheste Einfluss der Umwelt ist die Bindung zwischen Mutter und Kind. Unter Bindung versteht man, wie sicher und geschützt sich ein Kind in Gegenwart der Mutter fühlt. Dies hängt vor allem davon ab, wie feinfühlig und warmherzig die Mutter dem Kind gegenüber ist. Feinfühlig heißt, die Bedürfnisse des Babies richtig wahrzunehmen und zuverlässig darauf zu reagieren.
Psychologen unterscheiden drei Arten von Bindung:

(1) „Sicher gebunden": Die Mutter geht sensibel, zuverlässig und warmherzig mit ihrem Baby um. Diese Kinder entwickeln später meist gute soziale Kontakte, sie haben Selbstvertrauen und sind weniger anfällig für psychische Störungen.

(2) „Unsicher-vermeidend gebunden": Die Mutter reagiert häufig ablehnend und negativ. Das Baby vermeidet die Mutter eher, wenn es kurze Zeit von ihr getrennt ist. Es besteht eine sehr ungünstige Beziehung zwischen Mutter und Kind, was später zu Aggressionen und Problemen im Sozialverhalten beim Kind führen kann. Diese Kinder haben häufig weniger Selbstvertrauen.

(3) „Unsicher-ambivalent[3] gebunden": Die Mutter ist in ihren Reaktionen nicht zuverlässig, einmal reagiert sie fürsorglich, dann wieder ablehnend, so dass das Baby sich nicht auf sie verlassen kann. Auf eine kurze Trennung reagiert das Baby eher verängstigt und lässt sich nur schwer beruhigen. Später sind diese Kinder häufig sozial unsicher, weinerlicher, leichter frustriert und haben weniger Freundschaften. Im Kindes- und Jugendalter kann es zu Angststörungen kommen. Einige Forscher spekulieren, dass unsicher-ambivalent gebundene Kinder große Angst vor Zurückweisung haben, deshalb auf andere Kinder nur unsicher zugehen und sich eher passiv verhalten, um die gefürchtete Zurückweisung zu vermeiden.

Es ist übrigens so, dass der Bindungsstil in Familien oft über Generationen „weitergegeben" wird. Das heißt, die Art der Bindung zwischen Großmutter und Mutter wiederholt sich häufig zwischen Mutter und Kind. Unsicher-gebundene Mütter neigen dazu, sich entweder überkontrollierend zu verhalten oder sie haben Probleme, ihre Kinder zu führen und zu erziehen.

Auch bei diesem Einflussfaktor Bindung ist wieder zu berücksichtigen, dass eine unsichere Bindung allein wohl noch nicht zu einem angstgestörten Kind führt, sondern dass eine solche Entwicklung erst auftritt, wenn mehrere Risikofaktoren zusammenkommen.

2.2 Die Persönlichkeit der Eltern

Die Eltern haben den größten Einfluss auf die Entwicklung ihres Kindes. Dieser Einfluss findet auf vielen Ebenen statt: neben dem direkten Erziehungsverhalten bringen Eltern ja eine ganz eigene Lebensge-

---

[3] ambivalent bedeutet „hin- und hergerissen"

schichte und Persönlichkeit mit. Diese Elternpersönlichkeit ist v.a. deshalb so wichtig, weil sie das Verhalten der Eltern stark steuert: sowohl das aktive Erziehungsverhalten als auch das Alltagsverhalten, von dem sich Kinder sehr viel abschauen und das ihnen wichtige Botschaften vermittelt.

Einen Baustein der Elternpersönlichkeit haben Sie schon kennengelernt: die eigene Bindungsgeschichte. In diesem Abschnitt geht es vor allem um *psychische Probleme* der Eltern. Dem Erziehungsverhalten widmen wir ein ausführliches eigenes Kapitel.

Im Zusammenhang mit kindlichen Angststörungen sind vor allem Ängste und Depressionen der Eltern untersucht worden: *das Risiko für Kinder von ängstlichen oder depressiven Elternteilen, selbst eine Angststörung zu entwickeln, ist etwa drei- bis fünffach erhöht.* Hier spielen verschiedene Mechanismen eine Rolle:

- die genetische Übertragung (siehe Abschnitt „Vererbung von Angststörungen")
- psychisch kranke Menschen sind häufiger sozial isoliert, es kann berufliche und somit finanzielle Probleme geben, die Ehequalität leidet – all das wirkt sich natürlich auch auf die Kinder aus
- die Eltern sind Verhaltensmodelle
- Ängstlichkeit oder Depressivität beeinflussen den Erziehungsstil

Die letzten beiden Punkte sollen nachfolgend genauer erläutert werden.

Ängstliche und depressive Eltern als Modelle
Kinder schauen sich sehr viel ab von ihren Eltern und Großeltern: so banale Dinge wie das Halten einer Gabel oder die Angst vor Spinnen und so komplexe Dinge wie den Umgang mit anderen Menschen.
Bei ängstlichen und depressiven Eltern können sich Kinder vor allem drei wichtige Dinge abschauen: Ängste vor bestimmten Dingen oder Handlungen, den Umgang mit diesen Ängsten und die Einstellung zur Welt. Wir wollen Ihnen dies an mehreren Beispielen verdeutlichen (hinter dem Pfeil haben wir formuliert, welche „Sicht der Welt" die Erwachsenen ihren Kindern möglicherweise vermitteln).

> Sie erinnern sich an Sylvie mit ihren sozialen Ängsten und Unsicherheiten. Sylvies Mutter bezeichnet sich selbst als „eher ängstlichen, vorsichtigen Menschen". An ihrem Mann bewundert sie seine Selbständigkeit. Sie selbst ist ängstlich darauf bedacht, alles richtig zu machen – ob in ihrer

Lebensplanung oder im Umgang mit den Nachbarn. Neue Situationen machen sie nervös und angespannt, Gespräche mit Lehrern ihrer Tochter bereiten ihr schlaflose Nächte. Wenn es möglich ist, nimmt sie in solchen Situationen ihren Mann mit.

→ „Die Welt hält viele Unwägbarkeiten bereit. Man muss alles richtig machen, man muss es allen recht machen, denn es ist schrecklich, von anderen abgelehnt zu werden. Man weiß nie, was kommt. Allein schaffe ich es nicht im Leben."

Toms Angst vor Hunden kommt nicht von ungefähr: seine Oma vermeidet panisch jeden Hund im Dorf. Sie hat ausgeklügelte Systeme, wie sie zum Einkaufsmarkt kommt, um nur ja jedes Haus mit Hund zu vermeiden. Ihre Tochter hat sie schon oft darum gebeten, Tom mit ihren Horrorgeschichten über Hunde in Ruhe zu lassen. Die Oma erzählt nun nichts mehr, aber wenn Tom mit ihr unterwegs ist, merkt er, was los ist.

→ „Hunde sind höchst gefährlich. Du kannst nichts gegen sie machen außer ihnen aus dem Weg zu gehen. Wenn du ihnen nicht aus dem Weg gehst, werden sie dich beißen. Wenn deine Eltern etwas anderes sagen: glaube ihnen nicht, ich weiß es besser."

Mareikes Eltern werden von der Lehrerin darüber informiert, dass das Kind in letzter Zeit häufig traurig, ängstlich und nervös wirke. Tatsächlich ist es so, dass Mareikes Vater seit etwa einem halben Jahr zunehmend depressiver geworden ist. Er hat sich sozial völlig zurückgezogen, liegt häufig im Bett, weint und kann nicht mehr zur Arbeit gehen. Über sich selbst, seine Familie, seinen Job und die Zukunft äußert er sich nur sehr negativ und angstvoll. Der Hausarzt hat dringend einen Klinikaufenthalt empfohlen, aber der Vater glaubt nicht, dass ihm irgendetwas helfen könnte.

→ „Das Leben ist unerträglich und schrecklich. Nichts interessiert mich, auch nicht meine Frau oder meine Kinder. Sie können tun oder lassen, was sie wollen, mir ist alles zu viel. Diese Traurigkeit und diese Ängste werden sich nie bessern, mir kann niemand helfen."

2.3 Das Erziehungsverhalten der Eltern

Die Art, wie Eltern ihre Kinder erziehen, fällt nicht einfach vom Himmel. Sie wird bestimmt von einer Vielzahl von Dingen:

- den eigenen Erziehungserfahrungen („Mir hat ein Klaps auch nicht geschadet" oder „Ich will meinen Kindern ersparen, was meine Eltern angerichtet haben"),
- den gesellschaftlichen Ansichten über die richtige Kindererziehung (vergleichen Sie z.B. die Fünfziger mit den Siebziger Jahren),

- dem eigenen gesundheitlichen Befinden (körperlich und psychisch),
- der Qualität der Ehe,
- den Lebensbedingungen der Familie (z.B. Arbeitslosigkeit, Armut, ständiges Reisen), und
- dem Ausmaß von sozialer Unterstützung (z.B. durch Verwandte, Bekannte oder Nachbarn).

Obwohl so viele Faktoren eine Rolle spielen, kann man doch eine Reihe von allgemeingültigen Aussagen über das Erziehungsverhalten treffen. Es gibt bestimmte Verhaltensweisen von Eltern, die Ängstlichkeit fördern bzw. aufrechterhalten[4] bzw. sie vermindern. Diese Verhaltensweisen werden wir Ihnen nachfolgend beschreiben. Im Kapitel 7 können Sie anhand von einfachen Übungen über Ihren eigenen Erziehungsstil nachdenken.

✓ Wenn die Großeltern an der Erziehung beteiligt sind: ziehen Sie an einem Strang! Die Oma sollte dem Kind genauso wenig schwierige Situationen abnehmen wie die Mama, der Opa sollte sich genauso wie der Papa Sprüche sparen wie „Du bist doch ein Junge!"

(1) Das Kind mit seinen Stärken und Schwächen akzeptieren
Zwei Verhaltensweisen tun Kindern besonders gut:
– Akzeptanz: Eltern sollten ihre Kinder mit ihren Stärken und Schwächen akzeptieren
– Wärme: Zuneigung wird von den Eltern deutlich ausgedrückt

Das Gegenteil von Akzeptanz und Wärme sind Abweisung, Kritik und Tadel. Kinder, die vor allem abgelehnt, kritisiert und nicht ernst genommen werden, entwickeln schnell Verhaltensauffälligkeiten: Ängste, Unsicherheiten, geringes Selbstwertgefühl, Depressionen, Aggressionen. Dazu trägt auch ein negativer Kommunikationsstil der Eltern bei: wenig Lächeln und Lachen, Anspannung und Nervosität, Übergehen des Kindes bei Diskussionen, abwertende Reaktionen und Kommentare.

---

[4] Wir gehen davon aus, dass alle Eltern, die dieses Buch lesen, sich um ihre Kinder bemühen und ihnen bewusst keinen Schaden zufügen. Auf die schwerwiegenden Folgen von Vernachlässigung sowie körperlichem, psychischem und/oder sexuellem Missbrauch gehen wir deshalb in diesem Rahmen nicht ein.

(2) Eigene Erfahrungen des Kindes fördern
Eltern müssen täglich eine Gratwanderung absolvieren: einerseits sollen sie ihr Kind schützen, andererseits sollen sie es fördern. Das heißt, es muss ein Gleichgewicht gefunden werden zwischen „überbehüten/dem Kind alles abnehmen" auf der einen und „vernachlässigen/überfordern" auf der anderen Seite.
Ein solches Gleichgewicht herzustellen ist im Umgang mit ängstlichen Kindern nicht einfach. Häufig kommt es zu folgenden Reaktionen der Eltern, wenn das Kind Angst vor etwas hat (z.B. Anruf bei Freund):

- Die Eltern bestehen darauf, dass das Kind selbst handeln muss, obwohl es erkennbar überfordert damit ist („Stell dich nicht so an! Ich musste das in deinem Alter auch selbst können."). Die Anforderungen und Ziele werden viel zu hoch gesetzt. Das Verhalten des Kindes soll erzwungen werden. Folge: das Kind ist noch verängstigter, das Selbstbewusstsein sinkt in den Keller, die Lösung hat es nicht gelernt.

- Die Eltern beruhigen das Kind und nehmen ihm die unangenehme Aufgabe ab, indem sie sie für das Kind erledigen („Na gut, ich mach das schon für dich, wenn du dich so ängstigst."). Folge: das Kind ist erstmal erleichtert, hat das Verhalten aber wieder nicht erlernt, es wird sich auch das nächste Mal darum drücken (braucht also seine Eltern wieder), das Selbstbewusstsein ist schwach (denn worauf soll das Kind stolz sein?), das Kind bleibt eher ängstlich.

Besonders die zweite Reaktion (der „eher überbeschützende Erziehungsstil", wie der amerikanische Angstforscher Ronald Rapee ihn nennt) wird häufig von Müttern ängstlicher Kinder gezeigt, insbesondere dann, wenn sie selbst eher ängstlich sind: sie wollen die Probleme für ihre Kinder lösen statt ihnen zu zeigen, wie man selbst Schwierigkeiten bewältigt. Sie ermutigen ihre Kinder weniger, Dinge auszuprobieren und Lösungen zu finden, neigen stattdessen dazu, das Verhalten der Kinder zu kontrollieren und ihnen das Vorgehen vorzuschreiben. Ängste werden so nicht reduziert, sondern beibehalten. Die Mütter vermitteln ihren Kindern: „Du kannst schwierige Situationen nicht allein lösen, du brauchst immer jemand, der dir hilft. Die Welt ist für dich allein gefährlich."

(3) Einen zuverlässigen Rahmen für das Kind schaffen
Kinder müssen sich auf ihre Eltern verlassen können: je unbeständiger das Verhalten der Eltern, umso auffälliger wird das Verhalten des Kindes. Manche Kinder reagieren auf die Unbeständigkeit der Eltern

mit Wut und Aggressionen, andere mit Rückzug und Ängstlichkeit. Dies hängt wahrscheinlich vom Temperament des Kindes ab. Bei manchen Kindern tritt auch beides auf: sie sind ängstlich-unsicher, verhalten sich aber auch trotzig.

Zuverlässigkeit und Vorhersagbarkeit sind übrigens für Erwachsene selbst genauso wichtig. Wenn ich mich nicht auf meinen Ehepartner verlassen kann, wenn ich nicht weiß, ob ich meinen Job morgen noch habe, wenn unklar ist, ob ich eine Krankheit überlebe, wenn mein Staat mich nicht vor Terroristen schützen kann – all dies kann zu tiefgreifenden Ängsten, Unsicherheiten oder Depressionen führen. In solchen Situationen spricht man von dem Verlust der Kontrolle über das eigene Leben – ein Zustand, der für alle Menschen extrem unangenehm und kaum zu ertragen ist.

(4) Das richtige Verhalten des Kindes belohnen
„Richtiges" Verhalten nehmen wir bei Kindern immer als selbstverständlich hin – und reagieren oft schon gar nicht mehr darauf. Wenn aber etwas schief geht, schimpfen oder trösten wir – auf jeden Fall erhält das Kind dann Aufmerksamkeit, und Aufmerksamkeit kann für Kinder eine tolle Belohnung sein (besonders dann, wenn sie sie sonst selten erhalten).

Nun kennt es jeder Erwachsene von sich selbst, dass er ein Verhalten dann wiederholt, wenn er dafür belohnt wird, aber nicht, wenn er dafür nicht beachtet oder gar bestraft wird. Ebenso ist es bei Kindern. Es ist häufig so, dass Eltern (bzw. Lehrer, Erzieher) das Kind nicht dafür loben, wenn es „mutiges", also nicht-ängstliches Verhalten zeigt, oder das Kind sogar noch dafür bestrafen. Umgekehrt kann es schnell passieren, dass man das Kind für das ängstliche Verhalten auch noch belohnt.

   Beispiele:
   - Wenn Saskia am Abend über Bauchschmerzen klagt aus Angst vor der Schule, darf sie immer bei den Eltern im Bett schlafen (unabsichtliche Belohnung).
   - Till hat sich von selbst in der Schule mit einem Schulkameraden verabredet. Sein Vater kommentiert das abends mit einem zynischen „Na also, geht doch, warum bist du denn sonst so ein Angsthase?" (Bestrafung statt Lob).
   - Teresa ist sehr trennungsängstlich. Heute hat sie einen guten Tag gehabt, die Mutter konnte einkaufen gehen und Teresa blieb ohne größeres Theater allein zu Hause. Da die Mutter viel um die Ohren hat, bemerkt sie dies gar nicht (unabsichtliches Ignorieren statt Lob).

(5) Vorbild sein!
Schon im Abschnitt vorher haben wir Ihnen beschrieben, wie Kinder dazu tendieren, die Ängste und Sorgen ihrer Bezugspersonen (Eltern, Großeltern) zu übernehmen, sie sich sozusagen „abzuschauen". Sie übernehmen auch den Umgang mit Ängsten:
- ob offen darüber gesprochen wird oder die Ängste eher verheimlicht werden,
- ob bestimmte Situationen vom ängstlichen Elternteil vermieden werden,
- wie das ängstliche Elternteil denkt (viele Zweifel, immer das schlimmste befürchten, Warnungen vor der „gefährlichen" Welt etc.).

Aber auch wenn kein Elternteil unter Ängsten oder Depressionen leidet, gibt es in jeder Familie Verhaltensweisen und Haltungen, die die Kinder übernehmen. Wir wollen Ihnen einige Beispiele geben:

- Welche Rolle messen die Eltern sozialen Kontakten und einem positiven Sozialverhalten zu? Werden z.B. soziale Kontakte gepflegt und gefördert? Werden die Kinder ermuntert, Freunde einzuladen bzw. zu besuchen oder in Vereinen aktiv zu sein?

- Darf über Ängste und Schwächen in der Familie gesprochen werden oder ist das verpönt, weil es „bei uns keine Probleme gibt"? Wie reagieren die Familienmitglieder auf Ängste und Unsicherheiten: mit Spott und Unverständnis oder mit Zuhören und Einfühlen?

- Wie wichtig ist die Meinung anderer (Nachbarn, Verwandte, Arbeitskollegen)? Ist es in der Familie wichtig, sich so zu verhalten, wie andere es von einem erwarten, oder gibt es genug Platz für jeden, sich individuell zu entwickeln?

- Welchen Stellenwert haben die Kinder in der Familie? Dienen sie dazu, nach außen zu glänzen, oder dürfen sie einfach Kind sein? Sind sie ein lästiges Anhängsel oder werden sie wie kleine Prinzen und Prinzessinnen behandelt?

- Wie wird in der Familie kommuniziert: wie oft, wie intensiv, wer mit wem? Wird richtig zugehört? Reagieren die Familienmitglieder bei Problemen unterstützend oder mit Beschuldigungen, Abwerten, Kritisieren? Können alle ihre Meinung äußern bei wichtigen Entscheidungen oder regiert nur einer, dem alle folgen müssen?

2.4 Erfahrungen mit Gleichaltrigen und in der Schule

Es gibt Kinder, die andere Kinder nur so „anziehen" und schnell Freunde finden: das sind Kinder mit Selbstvertrauen, Empathie, Begeisterungsfähigkeit und positiver Stimmung. Weniger akzeptiert sind dagegen schüchterne und ängstliche Kinder; diese sind sozial häufiger isoliert und weniger geschickt.
Kinder, die über lange Zeit offen abgelehnt oder nicht beachtet werden, tragen das Risiko, weitere psychische Probleme zu entwickeln (vor allem Depressionen). Das gilt insbesondere für Kinder, die von anderen regelmäßig verspottet, ausgelacht, bedroht oder gar geschlagen werden.
Die Schule kann aber auch in anderer Hinsicht problematisch sein: nämlich dann, wenn ein Kind in seinen Leistungen häufig schlechte Ergebnisse erzielt. Hierunter leidet das Selbstbewusstsein häufig sehr, insbesondere wenn keine Hobbies vorhanden sind, die dem Kind Erfolge bescheren. Es ist z.B. bekannt, dass Kinder mit einer Lese- und Rechtschreibstörung (Legasthenie) häufig unter emotionalen Folgeproblemen leiden und von anderen Kindern eher abgelehnt werden.

2.5 Einflüsse von Lebensbedingungen und Medien

Es gibt eine Reihe von inzwischen häufig auftretenden Lebensbedingungen, die im Zusammenhang mit kindlichen Ängsten beachtet werden müssen:

(1) Trennung der Eltern
Kinder, deren Eltern geschieden sind, haben ein erhöhtes Risiko für Verhaltens- und Sozialprobleme. Die Reaktion der Kinder hängt stark von ihrem Alter ab. Grundschulkinder erleben häufig Gefühle der Trauer, Depression und Ärger, fühlen sich abgelehnt und beschuldigen ein Elternteil für die Situation. Sie entwickeln manchmal auch Ängste, dass dem „verbleibenden" Elternteil etwas zustoßen könnte. Hinzu kommt, dass die Eltern selbst eine sehr schwierige Zeit durchmachen und in Folge dessen häufig Probleme im Erziehungsverhalten haben. Je negativer die Scheidung abläuft, umso negativer für die Kinder.

(2) Soziale Vereinzelung und Bedrohung durch die Umwelt
Die Ängste der Kinder sind seit den 50er Jahren kontinuierlich angestiegen. In einer amerikanischen Studie konnten dafür v.a. zwei Faktoren verantwortlich gemacht werden: (a) die soziale Vereinzelung (also viele Scheidungen, viele Singlehaushalte, geringe Geburtenrate, feh-

lende Großeltern), (b) die wahrgenommene Bedrohung durch die Umwelt (z.B. Verbrechensrate, Angst vor Krankheiten und Krieg).

(3) Medien
Zu den Medien gehören v.a. Fernsehen, Kino, Internet und Computer. Zunehmend werden Kinder mit Berichten, Filmen und „Spielen" konfrontiert, die grausam sind und sie überfordern. Während manche Kinder mit Aggressionen reagieren, entwickeln andere starke Ängste, Sorgen oder Alpträume.

Ein Blick auf unser Störungsmodell...
Jetzt können wir unser Modell weiter vervollständigen mit den Einflüssen der Umwelt, die wir soeben ausführlich kennengelernt haben:

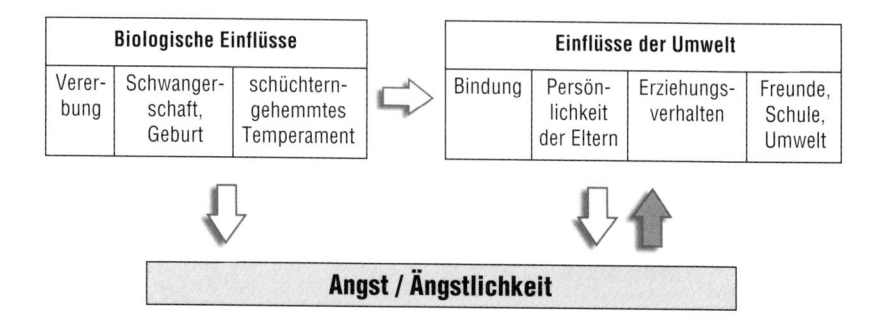

Biologische Einflüsse				Einflüsse der Umwelt			
Vererbung	Schwangerschaft, Geburt	schüchtern-gehemmtes Temperament	⇨	Bindung	Persönlichkeit der Eltern	Erziehungsverhalten	Freunde, Schule, Umwelt

Angst / Ängstlichkeit

3. Angstauslösende Erlebnisse

Insbesondere bei Phobien gibt es oft einzelne Ereignisse, die die phobischen Ängste ausgelöst haben (z.B. Biss durch einen Hund, schmerzhafte Behandlung beim Zahnarzt, Beobachtung der ängstlichen Oma beim Anblick einer Spinne).
Bei der Trennungsangst lassen sich auch häufig angstauslösende Erlebnisse identifizieren: z.B. das Verlassenwerden vom Vater, ein Unfall in der Nachbarschaft oder das Miterleben einer bedrohlichen Krankheit eines Elternteils.
Für die anderen Angststörungen lassen sich nur selten direkte Auslöser finden. Natürlich sind bestimmte Ereignisse im Leben eines Kindes massiv angstauslösend (z.B. Tod eines Elternteils, Vernachlässigung, physischer, emotionaler und/oder sexueller Missbrauch, Katastrophen etc.). Wie aber bereits beschrieben, zählen die daraus resultierenden

Probleme eher zu den Anpassungsstörungen und sind damit nicht Gegenstand dieses Buches.

4. Ursachenmodell für kindliche Ängste

Unser Ursachenmodell ist aber noch nicht vollständig: Angst ist noch nicht gleich Angststörung, wie Sie in den Kapiteln zwei und drei erfahren haben. Es fehlen noch die Gedanken, Gefühle und körperlichen Reaktionen des ängstlichen Kindes, wie wir sie im vorhergehenden Kapitel beschrieben haben.

Vollständig könnte unser Modell so aussehen:

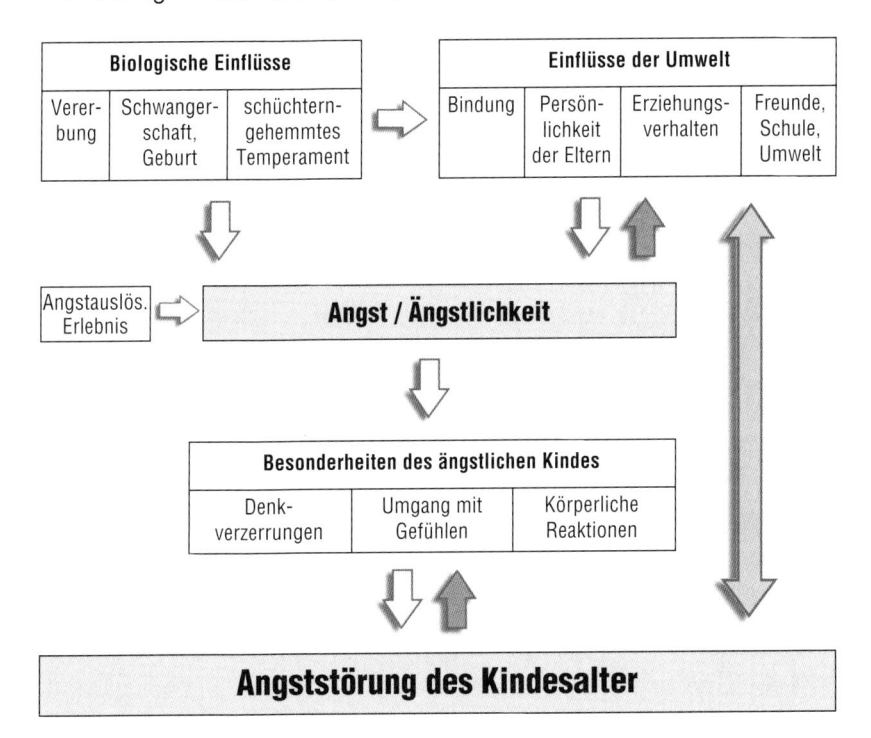

Biologische Einflüsse		
Vererbung	Schwangerschaft, Geburt	schüchterngehemmtes Temperament

Einflüsse der Umwelt			
Bindung	Persönlichkeit der Eltern	Erziehungsverhalten	Freunde, Schule, Umwelt

Angstauslös. Erlebnis	⇨	**Angst / Ängstlichkeit**

Besonderheiten des ängstlichen Kindes		
Denkverzerrungen	Umgang mit Gefühlen	Körperliche Reaktionen

Angststörung des Kindesalter

6. Was tun Profis gegen Ängste?

Kindertherapeuten haben eine Reihe von Techniken entwickelt, die sich „im Kampf gegen die Angst" bewährt haben. Wir wollen Ihnen hier einen kurzen Überblick über die wichtigsten therapeutischen Vorgehensweisen geben. Grundsätzlich kann eine Angstbehandlung einzeln oder in der Gruppe stattfinden, wobei insbesondere bei sozialen Ängsten und Unsicherheiten die Gruppe vorzuziehen ist. Leider ist aber das Therapiegruppenangebot in Deutschland gering.

(1) An erster Stelle steht immer die *Beobachtung*. Therapeuten beobachten, wie das Kind sich im Kontakt verhält, wie die Eltern über das und mit dem Kind sprechen, wie die Beziehungen zwischen den Familienmitgliedern sind. Sie bitten Lehrer, das Verhalten des Kindes in der Klasse, bei Leistungsanforderungen und im Umgang mit Gleichaltrigen zu beobachten und ihnen darüber zu berichten.
Gemeinsam mit dem Kind geht es auch darum, die Ängste genauer anzuschauen. Wovor genau hat das Kind Angst, in welchen Situationen ist es ängstlich und in welchen nicht, wie hat das Kind bisher auf seine Angst reagiert, wie sind die Eltern damit umgegangen?
Außerdem ist wichtig, die Stärken und Ressourcen des Kindes und seiner Familie herauszufinden, aber auch die Grenzen.

(2) An zweiter Stelle steht die *diagnostische Phase.* Hier geht es zum einen darum herauszufinden, welche Angststörung das Kind genau hat, zum anderen aber müssen hier andere Ursachen oder Störungen ausgeschlossen werden. Im Kapitel zu den verschiedenen Angststörungen hatten wir bereits beschrieben, welche Ursachen hier zu berücksichtigen sind (z.B. Überforderung). Psychologen können deshalb das Kind testen im Hinblick auf seine Begabung, seine Konzentration und mögliche Teilleistungsschwächen. In der diagnostischen Phase finden auch die Entwicklung des Kindes und Probleme der Eltern Berücksichtigung.

(3) An dritter Stelle steht die *ärztliche Abklärung.* Es muss immer genau überprüft werden, ob nicht organische Gründe für Ängste vorlie-

gen, insbesondere dann, wenn diese sich vor allem in körperlichen Beschwerden äußern (z.B. Kopf- oder Bauchweh).

(4) An vierter Stelle stehen die *therapeutischen Techniken* (z.B. Arbeit mit Gedanken und Gefühlen, Entspannung, Angstbewältigung, Rollenspiele, Hausaufgaben). Welche dieser Techniken zum Einsatz kommen, hängt von der Störungsart, vom Alter des Kindes, von seinen intellektuellen Fähigkeiten und von den Vorlieben der Therapeutin ab. Eine gute Therapie zeichnet sich allerdings durch den flexiblen Einsatz solcher Techniken aus. Wichtige Grundlage ist der Aufbau einer guten therapeutischen Beziehung zum Kind und seinen Eltern. Die Therapeutin entscheidet auch, ob *zusätzliche Hilfen* nötig sind, so z.B. eine Erziehungshilfe, eine Therapie für die Eltern, eine enge Zusammenarbeit mit der Schule oder eine stationäre Unterbringung des Kindes. Die Eltern sollten eng in die Therapie einbezogen werden und darüber informiert sein, was in der Therapie passiert.

7. Wie können Eltern ihrem ängstlichen Kind helfen? – Ängstliche Kinder positiv erziehen

Wir haben die Beantwortung dieser Frage in zwei große Teile gegliedert: in diesem Kapitel geht es um grundlegende Erziehungshaltungen, die für alle Kinder, für ängstliche aber ganz besonders wichtig sind. Im nächsten Kapitel beschreiben wir Möglichkeiten, wie man mit den einzelnen Angststörungen umgehen kann, also konkrete Tipps und Übungen.

> ✓ Ganz wichtig: Lernprozesse brauchen Zeit! Verhalten – weder Ihr eigenes, noch das Verhalten Ihres Kindes – lässt sich nicht von heute auf morgen ändern. Beweisen Sie Geduld, bleiben Sie ruhig und verlieren Sie nicht den Spaß an der Sache.

Im Kapitel „Wie entstehen kindliche Angststörungen?" haben wir bereits ausführlich über die Wichtigkeit des Erziehungsverhaltens der Eltern berichtet. Wir haben dort besonders fünf Bereiche hervorgehoben:

(1) Das Kind mit seinen Stärken und Schwächen akzeptieren
(2) Eigene Erfahrungen des Kindes fördern
(3) Einen zuverlässigen Rahmen für das Kind schaffen
(4) Das richtige Verhalten des Kindes belohnen
(5) Vorbild sein!

Geschildert wurde dort eher der „theoretische Hintergrund" – und nun soll die Praxis folgen, denn Sie möchten ja die Situation Ihres Kindes und Ihrer Familie verbessern. Es ist hilfreich, noch einmal zu diesem Kapitel 5 zurückzublättern und sich die einzelnen Punkte zu vergegenwärtigen, denn darauf bauen die folgenden Übungen auf. Die Übungen sollen vor allem dazu dienen, die eigene Haltung dem Kind gegenüber zu überdenken – vieles werden Sie schon zu Hause verwirklichen, anderes mag eine Anregung sein, Dinge einmal anders zu betrachten.

1. Das Kind mit seinen Stärken und Schwächen akzeptieren

Während die Mütter häufig viel Mitleid mit ihrem ängstlichen Kind haben, ist es für viele Väter schwer, einen ängstlichen und unsicheren Sohn zu akzeptieren, der nun so gar nicht dem gängigen Klischee vom „starken Mann" oder „Lausbuben" entspricht. Auch mögliche Stärken des Kindes (z.B. besonders feinfühlend, Begabungen im künstlerischen oder musischen Bereich) werden von manchen Eltern keineswegs als positiv angesehen, sondern möglicherweise als zu „verweichlicht". Es kommen hier auch oft Zukunftssorgen der Eltern ins Spiel: Was soll aus einem ängstlichen Jungen bloß werden, wie soll er sich später einmal durchsetzen? All dies spürt das Kind leider als Ablehnung seiner Person, und das schwache Selbstwertgefühl wird noch schwächer.

Grundsätzlich helfen Sie Ihrem Kind in den wenigsten Fällen weiter, wenn Sie seine Ängste bagatellisieren, das Kind mit anderen Kindern vergleichen oder dem Kind gutgemeinte Ratschläge geben wie z.B. folgende:

„Vor so einem kleinen Hund hat man in deinem Alter doch keine Angst mehr!"

„Als ich in deinem Alter war, konnte ich das schon viel besser."

„Stell dich einfach nicht so an, reiß dich mal zusammen!"

Solche Ratschläge bewirken, dass das Kind sich noch viel unzulänglicher und alleingelassen fühlt. Ein Kind sollte seine Gefühle zeigen dürfen, ohne ausgelacht zu werden. Ein Kind, das sich nicht verstanden fühlt, zieht sich in seine eigene Welt zurück oder wird aggressiv.

> ✓ Behaupten Sie Ihrem Kind gegenüber nicht, alles sei prima, es müsse sich keine Sorgen machen auf der Welt, es werde schon klappen. Das Kind fühlt sich dann mit seinen Sorgen nicht ernst genommen und findet bei seinen eigenen Eltern keinen Rückhalt. Diese Aussagen sind außerdem schlichtweg falsch: das Leben ist für niemanden einfach, und man wird immer wieder mit schwierigen Situationen konfrontiert – das Kind soll nicht lernen, das zu leugnen, sondern mit Schwierigkeiten umzugehen.

Wenn man einem Kind, das ängstlich ist, helfen will, sollte man nicht blindlings loslegen wollen. Das tun auch gute Therapeuten nicht. Für Eltern ist es wichtig, erst einmal zu beobachten: das Kind mit seinen Schwächen und Stärken, seine Umwelt und sich selbst. Denn erst, wenn ich genau beobachtet habe, kann ich wissen, was genau ich eigentlich verändern will. Sie haben dazu schon eine Menge wertvoller Vorarbeit geleistet, nämlich in Kapitel 3. Wir bieten Ihnen hier weitere Übungen an.

Übung 1: Stärken des Kindes

In den vorhergehenden Übungen haben wir uns sehr auf Bereiche konzentriert, in denen das Kind Defizite, Ängste oder Schwierigkeiten hat. Nur im letzten Abschnitt zu den sozialen Fertigkeiten (Kap. 3.2) haben wir Sie schon gebeten, auch die Stärken Ihres Kindes in diesem Bereich zu kennzeichnen. Wir wollen jetzt gemeinsam schauen, welche Stärken wir noch finden.

> → **Welche Stärken hat Ihr Kind?**
> Bitte ergänzen Sie die folgenden Aussagen. Schreiben Sie alles auf, was Ihnen einfällt.
> An meinem Kind mag ich besonders:
>
> Mein Kind hat mich mit folgenden Verhaltensweisen positiv überrascht:
>
> Andere Leute (Bekannte, Verwandte, Lehrer) loben mein Kind für:
>
> ☺ **Einbezug des Kindes:**
> ☺ Ich bin besonders stolz auf:
> ☺ Ich kann besonders gut:
> ☺ Ich mag an mir:
> ☺ Wenn Ihrem Kind nicht genug einfällt, können Sie ihm folgende Hilfestellung geben: „Stell Dir vor, du stehst an der Tür zu deinem Klassenzimmer und hörst, wie Deine Klassenkameraden über dich reden. Einer sagt: ‚Das, was ich an ihm/ihr am liebsten mag, ist....'. Eine andere sagt: ‚Was ich am liebsten an ihm/ihr mag, ist...'." Ihr Kind soll sich überlegen, was seine

Klassenkameraden sagen könnten. Sie können ihm auch gerne dabei helfen.[5]

Übung 2: Eigene Reaktionen auf Schwächen des Kindes

Sie haben sich nun viel Gedanken über Schwächen und Stärken Ihres Kindes gemacht. Es ist sozusagen eine „Bestandsaufnahme" entstanden. Nun weiß jeder, dass man manche Schwächen eines anderen Menschen sehr liebenswert findet, andere dagegen unangenehm oder auch peinlich. Kinder spüren sehr gut, wie ihre Eltern auf ihre Schwachpunkte reagieren – und entsprechend sieht ihr Selbstbewusstsein aus.

> Beispiel: Jessica hat Angst vor neuen Situationen und fremden Menschen. Ihr Vater dagegen ist ein sehr sozialer und offener Typ, der viel Wert darauf legt, mit anderen Familien Unternehmungen zu machen. Während ihre Mutter Jessicas Schüchternheit süß findet, fühlt ihr Vater sich dadurch eher peinlich berührt. Er kann nicht verstehen, warum seine Tochter so anders ist als er selbst. Manchmal schämt er sich sogar für Jessicas Verhalten und wird dann sehr ungehalten. Jessica wiederum belastet das sehr.

→ **Wie bewerte ich Ängste und Schwächen meines Kindes?**
Welche Ängste und Schwächen meines Kindes finde ich eher....
... liebenswert:

... unangenehm/peinlich:

... ärgerlich:

Wie reagiere ich auf Ängste und Schwächen, die ich eher liebenswert finde? (z.B. Lächeln, nettes Kopfschütteln)

Wie reagiere ich auf Ängste und Schwächen, die ich eher unangenehm/peinlich finde? (z.B. Situation regeln, Schimpfen)

Wie reagiere ich auf Ängste und Schwächen, die ich eher ärgerlich finde? (z.B. mit abwertenden Bemerkungen, Häme)

---

[5] Modifiziert nach Dacey, J.S. & Fiore, L.B. (2002). Your anxious child. San Francisco: John Wiley.

Übung 3: Stärken fallen unter den Tisch ...

Sicher kennen Sie Leute, von denen man sagen kann: „Der sieht immer nur das Schlechte!" oder „Der hat kein gutes Wort für einen übrig.". Wie sieht es in Ihrer Familie aus? Wird nur wahrgenommen, was ein Kind alles falsch macht und ihm das auch schön „auf's Butterbrot geschmiert"? Oder gibt es auch ausdrückliches Lob, wenn etwas gut klappt?

> ✓ Machen Sie Ihr Kind öfter darauf aufmerksam, was es schon alles kann, und nicht ständig darauf, was schief läuft. Loben Sie täglich positive Verhaltensweisen Ihres Kindes. Versuchen Sie Gelegenheiten für Erfolgserlebnisse zu schaffen.

Wir schlagen Ihnen deshalb vor, Ihr Kind einmal eine Woche lang genau zu beobachten und – zu loben! Gelobt werden Dinge, die Sie vielleicht für ganz selbstverständlich halten: z.B. den Tisch abräumen ohne Meckern, einen Freund selbständig einladen, ohne zu streiten mit dem Geschwisterchen spielen usw.

😃	Was ist mir an meinem Kind positiv aufgefallen?	
	Vater	Mutter
Montag		
Dienstag		
Mittwoch		
Donnerstag		
Freitag		
Samstag		
Sonntag		

2. Eigene Erfahrungen des Kindes fördern

Die Gratwanderung zwischen Überbehüten und Überfordern ist schwierig. Besonders Mütter, die selbst ängstlich waren oder sind, zeigen eher überbehütendes Verhalten, Väter dagegen reagieren auf Ängste des Kindes häufiger mit Überforderung, Ungeduld und Abwertungen.

✓ Vergessen Sie nicht, dass ein Kind ängstliches oder unsicheres Verhalten niemals „absichtlich" zeigt – es kann es einfach nicht besser. Wenn Sie sich frustriert zeigen, entmutigen Sie Ihr Kind und lassen sein ohnehin geringes Selbstvertrauen in den Keller sinken.

Die amerikanischen Angstexperten Rapee und Kollegen beschreiben, in welchen elterlichen Verhaltensweisen sich Überbehüten zeigt:

2.1 Ständige Rückversicherungen

Aufmunterungen wie „Es wird schon alles gut gehen" oder „Du brauchst keine Angst haben" sind in Maßen natürlich wichtig für ein Kind. Ängstliche Kinder aber tendieren dazu, sich auf solche Rückversicherungen zu verlassen und immer mehr davon einzufordern. Das Kind lernt, dass es schwierige Situationen nicht allein und nur mit den Beschwichtigungen seiner Mutter meistern kann. Das ist natürlich denkbar ungünstig. *Wichtig ist, dass das Kind lernt, dass es schwierige Situationen eigenständig bewältigen kann.* Wenn Sie Ihr Kind bisher sehr häufig beschwichtigt haben und Sie dies jetzt ändern wollen, so müssen Sie dies Ihrem Kind mitteilen und erklären.

2.2 Fertige Lösungen präsentieren

Zum Überbehüten gehört auch, dem Kind fertige Lösungen für schwierige Situationen zu präsentieren, statt gemeinsam Lösungen zu entwickeln. Wenn Eltern ihr ängstliches Kind beobachten, nehmen Mitleid und Sorge oft überhand. Die Eltern neigen dann dazu, dem Kind zu sagen „das und das musst du jetzt machen" oder gleich ganz die Federführung zu übernehmen und das Problem anstelle des Kindes zu lösen. Dies führt kurzfristig zu einer Erleichterung und damit Reduzierung der Angst, langfristig aber bleibt das Kind ängstlich und lernt nicht, selbständig mit schwierigen Situationen umzugehen. Es lernt auch nicht, dass die meisten Situationen keineswegs so „gefährlich" sind, wie sie am Anfang aussehen mögen.

In Kapitel 8 geben wir Ihnen dazu weitere konkrete Tipps („Gemeinsam einen Lösungsplan austüfteln").

2.3 Verweigerungen ständig durchgehen lassen

Ein Kind, das Angst hat, wird versuchen, diese gefürchteten Situationen zu umgehen und zu vermeiden. Das ist nicht immer möglich (z.B. bei Angst vor Ärzten oder Gewittern). Bei manchen Ängsten aber klappt das Vermeiden „wunderbar": der gefürchtete Hund wird weiträumig umgangen, statt im eigenen Bett schläft man in dem der Eltern wegen der Angst vor der Dunkelheit, neue soziale Aktivitäten werden kategorisch abgelehnt und verweigert etc. Man will das Kind nicht zwingen – aber alles durchgehen zu lassen führt nicht dazu, die Ängste des Kindes langfristig zu reduzieren. Das Problem der Vermeidung beschreiben wir in Kapitel 8 noch einmal ausführlicher.

✓ Ängstlichkeit braucht viel Verständnis, aber auch Grenzen.

Beide Verhaltensweisen – Überbehüten und Überfordern – sind für das Selbstbewusstsein eines Kindes fatal. *Selbstbewusstsein bekommt ein Kind, indem es erlebt, dass das eigene Verhalten zu positiven Ergebnissen führt.* Positive Ergebnisse erhalte ich nur, wenn die Anforderungen auch zu bewältigen sind und wenn ich es selbst bin, der sie bewältigt (und nicht meine Mutter oder mein Vater für mich). Erster Schritt ist, sich darüber bewusst zu werden, ob man eher zum Überfordern oder eher zum Überbehüten neigt.

Übung 4: Überbehüte oder überfordere ich?

Versuchen Sie sich einmal Situationen ins Gedächtnis zu rufen, in denen Ihr Kind ängstlich reagiert hat.

> Beispiel: Leon verkriecht sich verängstigt hinter dem Rücken seiner Mutter, als Besuch kommt, den er noch nicht gut kennt. Die Mutter sagt: „......", der Vater sagt: „......".

Wie hat Ihr Ehepartner auf Ihre Reaktion in dieser Situation reagiert bzw. wie würde er reagieren?

In solchen Situationen sagt meine Ehepartner (sinngemäß):

- ❏ „Nun lass das Kind doch mal selber machen!" (A)
- ❏ „Immer hängst du die Messlatte so hoch!" (B)
- ❏ „Nimm dem Kind doch nicht alles ab!" (A)
- ❏ „Merkst du nicht, dass du ihn/sie damit überforderst?" (B)
- ❏ „Kein Wunder, dass das Kind ängstlich ist, du verhätschelst es ja auch!" (A)
- ❏ „Du kannst das Kind doch nicht dazu zwingen, du siehst doch, dass es Angst hat!" (B)

Wie Sie merken, haben wir hier zwei Typen von Reaktionen:

- Wenn Ihr Ehepartner häufig mit Aussagen vom **Typ A** reagiert ....
  ... sind Sie vielleicht eher ein überbehütender Typ. Sie neigen möglicherweise dazu, Ihrem Kind unangenehme Dinge abzunehmen, ihm fertige Lösungen vorzugeben oder ihm seine Verweigerungen permanent durchgehen zu lassen.

- Wenn Ihr Ehepartner häufig mit Aussagen vom **Typ B** reagiert ....
  ... neigen Sie eventuell zum Überfordern des Kindes, stellen zu hohe Anforderungen, sind der Meinung, Ihr Kind müsste allein zu Lösungen kommen und reagieren schnell ungeduldig und mit Abwertungen.

Sie können auch gut anhand Ihrer eigenen Gefühle und Gedanken in solchen Situationen herausfinden, zu welchem Verhaltenstyp Sie neigen. Wenn Sie innerlich mit Mitleid, leichter Panik und Gedanken wie „Oh je, ich muss meinem Kind beistehen, das wird es niemals alleine schaffen!" reagieren, gehören Sie vielleicht eher zu **Typ A.** Wenn Sie innerlich mit Ärger, Ungeduld und Gedanken wie „Das gibt's doch nicht, dass unser Kind jetzt schon wieder Angst hat!" reagieren, gehören Sie vielleicht eher zu **Typ B.**

3. Einen zuverlässigen Rahmen für das Kind schaffen

Kinder brauchen Verlässlichkeit. Eltern, die in ihren Reaktionen nicht verlässlich sind, machen ihre Kinder ängstlich und aggressiv. Verlässlichkeit bezieht sich auf viele Lebensbereiche:

3.1 Eltern müssen Zeit haben für ihr Kind

Nehmen Sie sich Zeit und beobachten Sie Ihr Kind: was macht es gerne, wovor könnte es Angst haben, mit wem spielt es, welche Gefühle zeigt Ihr Kind. Erziehung und Beziehung brauchen vor allem Zeit. In einem Familienklima der Unruhe und Hast wird das Kind nicht über Ängste und Sorgen sprechen. Das soll nicht bedeuten, sich ausschließlich um das Kind kümmern zu müssen, sondern das Kind bewusst wahrzunehmen, Veränderungen zu bemerken. Ein Kind, das spürt, dass Mama oder Papa Zeit haben und ansprechbar sind, wird von sich auf Sie zukommen, um über eigene Erlebnisse zu sprechen. Das Kind lernt dann: „Mir wird zugehört, ich bin wichtig für meine Eltern, ich bin nicht alleine...".

> ✓ Reduzieren Sie eigenen Stress soweit möglich. Unruhige, gestresste Eltern haben es schwer, die richtige Atmosphäre für ein ängstliches Kind zu schaffen. Jedes Kind braucht Ruhephasen und intensive Zuwendung.

Wenn Eltern keine Zeit für ihre Kinder aufbringen, signalisiert dies dem Kind: „Ich bin nicht wichtig. Ich bin es nicht wert, dass man sich mit mir beschäftigt. Meine Eltern haben kein Interesse an mir und dem, was mir wichtig ist und was mich beschäftigt." Die Zeit, die man zusammen verbringt, sollte mit dem Kind abgestimmt werden und regelmäßig stattfinden. Beschäftigungen oder Unternehmungen in dieser Zeit sollten den Vorlieben und Interessen des Kindes gelten. Nur so lernt man sein Kind kennen und zeigt ihm, wie wichtig es ist.

> Beispiel: Philipps Vater ist beruflich sehr stark eingespannt. Er hat oft das Gefühl, die Entwicklung seines Sohnes zu verpassen. Am Wochenende berichtet seine Frau immer über die Ängste und Schüchternheit von Philipp. Der Vater fragt sich, ob sein Sohn wirklich so problematisch ist. Sie führen ein, dass Philipp seinen Papa jeden Samstag nachmittag zwei Stunden ganz für sich allein hat. Der Vater ist erstaunt, welche positiven Seiten er an Philipp entdeckt, die er gar nicht vermutet hat. Seine Frau fühlt sich entlastet, weil nicht mehr alle Sorge auf ihr liegt. Philipp ist stolz, dass sein Papa so viel Zeit mit ihm verbringt und sich für ihn interessiert.

3.2 Eltern müssen in ihren Reaktionen zuverlässig und konsequent sein

Wenn eine Mutter auf ein Verhalten des Kindes (z.B. schlechte Schulnote) mal mit Wut, mal mit Trauer und mal gar nicht reagiert, weiß das Kind nicht, woran es ist: „Meine Mutter verhält sich mal so und mal so, ich weiß gar nicht, wie ich sie einschätzen soll. Deshalb weiß ich auch nicht, wie ich mich verhalten soll. Das macht mich unsicher und wütend." Deshalb ist es so wichtig für Eltern, *klare Regeln* zu verfolgen und *konsequent* zu sein. Genaue Absprachen und Vereinbarungen geben dem Kind Halt und Orientierung. Stellen Sie sich eine viel befahrene Straße ohne Schilder und Regeln vor. Nur durch festgelegte Richtlinien gelingt es dem Menschen, sich in der reizüberfluteten Welt mit den unzähligen Wahlmöglichkeiten zu orientieren. Im Gegenteil vermitteln Sie dem Kind bei zuviel Nachgiebigkeit das Gefühl der Gleichgültigkeit und der Überforderung. Das Kind lernt durch klare Konsequenzen Folgen seines Handelns kennen, erlebt sich als wirksam, Situationen werden berechenbar, das Zutrauen in sich selbst und in die Erlebniswelt wächst.

Ganz besonders wichtig ist, dass sich alle Erziehungspersonen in ihrem Verhalten einig sind (z.B. auch im Haus wohnende Großeltern!). Das Motto muss lauten: „In der Kindererziehung ziehen wir alle an einem Strang – es gibt kein Hü und Hott!"

> Beispiel: Ronjas Mutter fühlt sich mit der Erziehung der drei Kinder häufig überfordert. Sie stellt zwar immer wieder Regeln auf, aber weil sie oft so erschöpft ist, schafft sie es nicht, die Regeln auch durchzuhalten. Entweder reagiert sie auf Regelverstöße oft gar nicht oder mit unangemessener Schreierei. Die Schwiegermutter wohnt im selben Haus und gibt dauernd ihren Senf dazu, verwöhnt aber die Kinder im Grunde und fällt der Mutter in den Rücken. Insbesondere Ronja reagiert auf diese Gesamtsituation zunehmend verängstigt und zieht sich immer mehr zurück.

3.3 Eltern müssen eine sichere und stabile Umgebung schaffen

Mit „sicherer Umgebung" meinen wir nicht nur eine, die offenkundige Gefahrenquellen ausschaltet, sondern vor allem eine Verlässlichkeit in der Lebensführung der Eltern. Häufige Umzüge, wiederholte Partnerwechsel, ständiges Unterwegssein, das Brechen von Absprachen (z.B. bei geschiedenen Elternteilen), mangelndes Interesse daran, wie und mit wem das Kind seine Freizeit verbringt, mangelnde Unterstützung des Kindes in schulischen Belangen – all das macht einem Kind das

Leben unnötig schwer. Unsicherheit, Ängste, mangelndes Selbstbewusstsein können die Folge sein.
Im Alltag bedeutet sicher und stabil einen regelmäßigen Tagesablauf mit verbindlichen Regeln und Ritualen.

> Sie haben schon mehr Regeln und Rituale, als Ihnen wahrscheinlich bewusst ist. Häufige Familienregeln sind z.B.: „Vor dem Essen gibt es keine Süssigkeiten. Mit dem Essen fangen wir an, wenn alle am Tisch sitzen." oder „Wenn jemand etwas sagt, hören die anderen zu. Wenn man anderer Meinung ist, kann man das ruhig und mit Respekt äußern." Häufige Rituale finden sich z.b. morgens beim Aufstehen und Frühstücken, in der Hausaufgabenzeit oder abends („Erst Schlafanzug an, dann Toilette und Zähneputzen, noch eine Gute-Nacht-Geschichte und dann wird geschlafen.").

Ein Kind lebt außerdem nicht isoliert, sondern in seiner ganz speziellen Umwelt: in seiner Familie, in der Nachbarschaft mit anderen Kindern und Erwachsenen, in seiner Schule, in seiner „Medienlandschaft". In dieser kindlichen Umwelt gibt es Dinge, die Ängstlichkeit fördern und andere, die Ängstlichkeit verringern. Eltern müssen um diese Dinge wissen.

> Beispiele: Manuel hat abends allein in seinem Zimmer große Angst. Seine Mutter verlässt abends häufig noch einmal die Wohnung, ohne Manuel Bescheid zu geben, dass und wohin sie weggeht. Er fühlt sich allein und ohne Schutz, andererseits macht er sich Sorgen, dass der Mutter etwas passiert.
> Timos Eltern sind geschieden. Sie verstehen sich überhaupt nicht mehr, und einer spricht böse über den anderen. Wenn der Vater ihn abholen soll, kommt er häufig zu spät oder auch gar nicht. Die Mutter sagt dann, dass das ja mal wieder typisch sei. Timo ist zutiefst verunsichert und zieht sich sozial immer mehr zurück. Er entwickelt Ängste und weint häufig.

Besonders schwer aufrechtzuerhalten sind solche verlässlichen Verhaltensweisen, wenn es Eltern selbst nicht gut geht (z.B. viel Stress, Krankheiten) bzw. die Ehe kriselt. Dies ist ein Grund (unter mehreren), warum sich Stress und Eheprobleme auf Kinder so negativ auswirken. Eltern in solchen Krisen sollten sich deshalb professionelle Hilfe suchen – wenn es den Eltern schlecht geht, geht es auch dem Kind schlecht.

Zu einer sicheren Umgebung gehört auch die bereits kurz angesprochene „Medienlandschaft" Ihres Kindes. Wir erleben immer wieder völlig verängstigte Kinder, die heimlich oder gar mit Erlaubnis ihrer Eltern für ihr Alter nicht geeignete Filme gesehen haben. Dies ist besonders dann der Fall, wenn im Kinderzimmer ein Fernseher steht. Als Eltern müssen Sie sicherstellen können, dass Ihr Kind nur für Kinder geeignete Sendungen sieht, und dies auch nur in einem gewissen Umfang. Bedenken Sie, dass auch bereits am Nachmittag viele für Kinder vollkommen ungeeignete Sendungen (z.B. Talkshows) kommen. Gleiches gilt für Computer- und Videospiele: wenn Kinder zuviele solcher „Spiele" spielen, kommt es zu Konzentrationsproblemen, Aggressionen, Defiziten im Sozialverhalten, Alpträumen und Ängsten.

✓ Fernseher haben im Kinderzimmer nichts zu suchen! Fernsehen, Computer und Video müssen von Eltern begrenzt und kontrolliert werden. Mit den meisten Sendungen und Spielen ist die kindliche Gefühl- und Gedankenwelt heillos überfordert!

Übung 5: Die Umwelt meines Kindes

Bitte notieren Sie zu den folgenden Punkten, inwiefern diese die Ängste Ihres Kindes verschlimmern (-), verringern (+) oder keinen Einfluss (0) haben. Orientieren Sie sich bitte an den Ängsten, die Ihr Kind besonders beeinträchtigen. Wir können Ihnen nur Stichpunkte liefern, zu denen Sie ggf. selbst Ergänzungen machen sollten.

(Beispiele: „Verhalten der Geschwister: –, wird von Bruder immer gehänselt als Angsthase" oder „Leistungsüberprüfungen: –, davor immer Bauchweh" oder „Verhalten der Großeltern: +, Opa fördert Selbstbewusstsein durch gemeinsames Handwerken").

- Verhalten der Lehrkraft:
- Verhalten einzelner Klassenkameraden:
- Leistungsüberprüfungen:
- Noten:
- einzelne Schulfächer:
- Verhalten der Nachbarskinder:
- Verhalten der Freunde:
- Dinge in der Nachbarschaft (z.B. Sirene, Hunde, Verkehr):
- Verhalten der Großeltern:
- Verhalten der Geschwister:
- bestimmte Computerspiele:
- bestimmte Sendungen/Filme:
- Nachrichten über Katastrophen:

- Todesfälle in der weiteren Verwandtschaft oder Nachbarschaft:
- regelmäßiger Tagesablauf:
- Hobbies:
- Sonstiges:

Schauen Sie sich jetzt bitte noch einmal diese Liste an und markieren Sie mit Textmarker die Punkte, die zu einer Verringerung der Ängste beitragen.

4. Das richtige Verhalten des Kindes belohnen

Bei ängstlichen Kindern gibt es drei ganz besondere „Erziehungsfallen":

4.1 Ängstliches Verhalten wird unbeabsichtigt belohnt

Bei Belohnung sollten Sie nicht an Geld oder an ein Geschenk denken – für ein Kind ist schon die besondere Zuwendung und Aufmerksamkeit der Eltern eine Belohnung! Das Problem mit den Belohnungen ist: wenn ein bestimmtes Verhalten belohnt wird, wird das Kind es in Zukunft öfter zeigen – genau das, was wir bei ängstlichen Verhaltensweisen nicht möchten! Zu den unbeabsichtigten Belohnungen gehören übrigens auch die ständigen Rückversicherungen durch die Eltern, die wir in Abschnitt 2 erwähnt haben.

Wir wollen Ihnen dies an Beispielen verdeutlichen:

Ängstliches Verhalten des Kindes	Reaktion der Bezugspersonen	Folge
Sabrina hat Angst vor der Dunkelheit.	Die Eltern erlauben ihr, in ihrem Ehebett zu schlafen.	Weil es so schön ist, will Sabrina nur noch bei Mama und Papa schlafen. Sie lernt nicht, in ihrem eigenen Bett zu schlafen.
Florian hat Angst vor Spinnen.	Seine Oma „tröstet" ihn mit einem Stück Schokolade und versichert ihm: „Ist doch alles nicht so schlimm".	Florian jammert noch ein bisschen öfter über die Spinnen, weil es dann ja immer Schokolade gibt.
Janina will nicht auf Kindergeburtstage gehen.	Ihre Mutter spielt mit ihr den ganzen Nachmittag zuhause, damit Janina auch ihren Spaß hat.	Janina geht nun gar nicht mehr zu Kindergeburtstagen, weil ihre Mama sich so viel Zeit zum Spielen für sie nimmt.

4.2 Mutiges Verhalten wird übersehen oder gar „bestraft" und nicht belohnt

Wenn man ein Verhalten nicht honoriert, wird das Kind es in Zukunft auch nicht mehr zeigen. Das ist besonders schade, wenn es sich um mutiges (also nicht-ängstliches) Verhalten handelt. Jedes Kind ist ab und zu mutig und macht etwas, wovor es eigentlich Angst hat – solche Momente sollten Sie nicht übersehen oder gar „bestrafen". Mit Bestrafung sind vor allem abwertende Sprüche gemeint wie „Na also, warum stellst du dich denn sonst immer so an?" oder „Heute mal kein Angsthase?".

Mutiges Verhalten des Kindes	Reaktion der Bezugspersonen	Folge
Sabrina schläft eines Abends vor Erschöpfung in ihrem eigenen Bett ein.	Ihre Eltern sind zwar froh, einmal allein schlafen zu können, loben Sabrina aber nicht.	Sabrina schläft am nächsten Abend wieder im Bett der Eltern.
Florian will kein Angsthase mehr sein und geht freiwillig in den Keller, obwohl dort viele Spinnen „lauern".	Keiner nimmt es wahr in der Hektik des Alltags.	Florian ist enttäuscht, dass niemand seinen Heldenmut bemerkt hat. Es gibt noch nicht mal ein Stück Schokolade!
Janina lässt sich überreden, doch auf einen Kindergeburtstag zu gehen.	Ihr Vater bemerkt abends: „Warum stellst du dich denn sonst immer so an?"	Janina ist beleidigt und sauer, weil sie sich doch so angestrengt hat, ihr Vater aber nur einen blöden Spruch übrig hat.

4.3 Auf Misserfolge wird falsch reagiert

Wenn Ihr Kind versucht, mutig zu sein und seine Angst zu überwinden, dabei aber scheitert, sollte es auf keinen Fall auch noch bestraft werden, ein Misserfolg ist für das Kind schon Strafe genug. Loben bzw. belohnen Sie Ihr Kind stattdessen für seine Versuche. Setzen Sie es nicht mit Ihrer Enttäuschung unter Druck, aber drücken Sie Ihr Mitgefühl aus. Wenn das Kind wieder beruhigt ist, können Sie gemeinsam überlegen, warum es zu dem Misserfolg kam und was man das nächste Mal besser machen könnte.

Um aus den Erziehungsfallen „Erziehungschancen" zu machen, muss man sozusagen das Gegenteil tun:

✓ Vermeiden Sie es, ängstliches Verhalten Ihres Kindes durch übermäßige Zuwendung unabsichtlich zu belohnen. Achten Sie dagegen auf mutiges Verhalten und loben und belohnen Sie es. Geben Sie Ihrem Kind das Gefühl, dass Sie es bei seinen Anstrengungen unterstützen, ihm vertrauen und auch bei Rückschlägen immer zu ihm stehen. Würdigen Sie lobend Bemühungen des Kindes, nicht nur Endergebnisse.

5. Vorbild sein!

Eltern sind für ihre Kinder die wichtigsten Vorbilder. Es ist immer wieder erstaunlich, wie „genau" sich Kinder Verhaltensweisen der Eltern abschauen. Im Bereich der Ängste gibt es drei wichtige Punkte, in denen Eltern zum Modell werden können:

A. Die Kinder schauen sich ab, *wovor* die Eltern (Großeltern) Angst haben. Erwachsene teilen manche Ängste mit Kindern (z.B. Phobien, soziale Ängste, Leistungsängste, Überängstlichkeit), haben aber zudem ganz andere Ängste, die Kindern noch unbekannt sind[6]. Dies können z.b. finanzielle Sorgen oder Ängste um die Partnerschaft sein.

B. Oft sind es aber gar keine Ängste, sondern eher *Einstellungen,* die die Eltern ihren Kindern (unbewusst) vermitteln. Solche Einstellungen können sein „Du musst immer stark sein und darfst keine Fehler machen", „Andere Leute dürfen nicht schlecht über unsere Familie denken" etc. Zu den Einstellungen gehört auch, wie wichtig Eltern gute soziale Kontakte zu anderen Menschen finden (Zuneigung, Respekt, Mitgefühl, Hilfsbereitschaft, Toleranz, Großzügigkeit inner- und außerhalb der Familie).

C. Die Kinder lernen von ihren Eltern, wie man mit Ängsten *umgeht* – z.B. mit Panik, mit Vermeidung oder mit positiven Lösungsversuchen. Sie lernen auch, welche Reaktionen auf Angst folgen: Zuwendung durch andere oder Schimpfen, Mitleid oder Ungeduld.

---

[6] Wir können hier nicht eingehen auf Störungen von Erwachsenen, die eine psychotherapeutische Behandlung erforderlich machen (z.B. Angststörungen, Depressionen, Alkohol- oder Tablettenabhängigkeit, schizophrene Erkrankungen, Umgang mit lebensbedrohlichen oder chronischen körperlichen Krankheiten). Dazu verweisen wir Sie auf Ihren Hausarzt sowie auf entsprechende Internetseiten und Ratgeber.

☑ Die Ängste der Eltern übertragen sich oft auf die Kinder. Es ist deshalb wichtig, eigene Verhaltensweisen zu überdenken und zu ändern. Bei starken Ängsten sollte man sich nicht scheuen, professionelle Hilfe in Anspruch zu nehmen. Denken Sie daran, dass Sie mit Ihrem sozialen Verhalten Vorbild für Ihr Kind sind – positiv und negativ. Manchmal ist es hilfreich, sich an die eigene Kindheit zu erinnern und daran, wie man seine eigenen Eltern erlebt hat.

Übung 6: Eltern als Modelle

In der folgenden Übung soll es um Ihre Ängste, Einstellungen und Bewältigungsmechanismen gehen. Wir können Ihnen keine „Auswertung" liefern, aber vielleicht werden Sie angeregt, einmal zu überlegen, welche Einflüsse Ihre Ängste, Einstellungen und Arten der Bewältigung auf Ihr Kind haben.
Bitte benutzen Sie die Zahlen 1-10 für Ihre Bewertungen. 1 steht für „trifft bei mir überhaupt nicht zu/ist für mich nicht wichtig" und 10 für „trifft bei mir auf jeden Fall zu/ist für mich sehr wichtig".

1-10	Ängste
	In manchen Ängsten meines Kindes erkenne ich meine eigenen wieder.
	Die Angst vor …. hat sich mein Kind bei mir abgeschaut.
	In sozialen Situationen sorge ich mich, was die anderen wohl von mir denken, und habe Angst, mich peinlich zu verhalten.
	Ich fühle mich mit alltäglichen Dingen oft überfordert.
	Als Kind hatte ich ganz ähnliche Ängste wie mein Kind jetzt.
	Ich habe eher wenig Selbstbewusstsein und kann mich nur schwer durchsetzen.
	Bei neuen Situationen bin ich zunächst immer sehr kritisch.
	Wenn ich viele Sorgen habe, reagiere ich stark mit körperlichen Beschwerden.
	Ich bin selber eher ein ängstlicher Typ und mache mir oft unnötig viel Sorgen.
	Obwohl ich versuche, meine Ängste und Sorgen vor meinem Kind nicht zu zeigen, habe ich doch das Gefühl, dass es diese bemerkt.

	1-10 Einstellungen
	Gute Leistungen sind das A & O – das gilt auch für mein Kind.
	Die Meinung anderer ist mir sehr wichtig.
	Oft versuche ich, es allen recht zu machen.
	Ängste sollte man für sich behalten und niemanden damit belästigen.
	Jeder muss in seinem Leben allein zusehen, wie er mit seinen Problemen fertig wird.
	Man muss Dinge möglichst perfekt erledigen.
	Heute betüttelt man die Kinder viel zu sehr, ein Klaps hat noch niemandem geschadet.
	Es ist sehr schwierig, sich zu ändern.
	Andere wollen einen nur ausnutzen.
	Entscheidungen treffe ich nur, wenn ich mir ganz sicher bin.
	Für mich ist es wichtig, über alles die Kontrolle zu haben, sonst werde ich panisch.
	Anderen Menschen gegenüber sind Respekt und Hilfsbereitschaft wichtig.
	Ich brauche viel Sicherheit im Leben.
	Ich habe keine Ängste.

	1-10 Bewältigungsmechanismen
	Wenn ich vor etwas Angst oder Bedenken habe, schiebe ich es möglichst auf.
	Ich verdränge einfach, wovor ich Angst habe.
	Ich bin häufig angespannt und habe wenig Zeit für mich selbst.
	Meine Ängste und Sorgen behalte ich für mich.
	Wegen meiner körperlichen Beschwerden suche ich häufig Ärzte auf.
	Dinge, die ich nicht gern mache, erledigt mein Ehepartner für mich.
	Anstatt mich auf schwierige Situationen vorzubereiten, gehe ich ihnen lieber aus dem Weg.
	Es gibt nur noch wenige Dinge im Leben, die mir Spaß machen.
	Wenn viel Stress ist, versuche ich mich zu entspannen und den Stress aktiv zu reduzieren.
	Wenn ich mich nicht wohl fühle, versuche ich, mich mit noch mehr Arbeit abzulenken.
	Bei Ängsten und Sorgen kann ich an nichts anderes mehr denken.
	Wenn ich Angst habe, muss ich daran denken, was ich schon alles im Leben nicht geschafft habe wegen meiner Ängste.

8. Allgemeine Tipps zum Umgang mit Ängsten

Während im letzten Kapitel allgemeine Erziehungsfragen besprochen wurden, soll es jetzt um konkrete Tipps für den Umgang mit einem ängstlichen Kind geben. Bitte berücksichtigen Sie, dass es dazu kein „Rezept" gibt nach dem Motto „Man nehme das und das, mache dies und jenes, und schon sind alle Ängste weg". Die Tipps sind als Anregungen gedacht, neue Dinge mit Ihrem Kind auszuprobieren.

Am Anfang stehen allgemeine Hinweise, die für alle Arten von Ängsten wichtig und gültig sind. Im Kapitel 9 folgen dann spezifischere Übungen zu den verschiedenen Angststörungen.

Grundsätzlich sollten Sie bei diesen Tipps berücksichtigen:

- Zwingen Sie Ihrem Kind keine Übung auf, aber versuchen Sie, es für etwas Neues „gegen die Angst" zu motivieren.

- Nutzen Sie die Stärken Ihres Kindes bei der Umsetzung der Übungen (z.B. Malen, Basteln, Gespräche, Bewegung). Berücksichtigen Sie sein Tempo, werden Sie nicht ungeduldig, lassen Sie Ihrem Kind Zeit. Manche Kinder brauchen Wochen, bevor sie überhaupt offen über ihre Ängste sprechen können.

- Bringen Sie alle an der Erziehung beteiligten Personen auf eine Linie. Informieren Sie z.B. die Großeltern über die wichtigsten Prinzipien im Umgang mit ängstlichen Kindern. Beziehen Sie auch den Papa in Übungen ein.

- Loben, loben, loben Sie Ihr Kind! Loben Sie seine Bereitschaft und seine Anstrengungen, auch wenn die Ergebnisse nicht „perfekt" sind.

1. Allgemeines Prinzip im Umgang mit Angst

Es gibt ein allgemeines Prinzip im Umgang mit (erwachsenen und kindlichen) Ängsten:

> ✓ **Weglaufen macht die Angst nur schlimmer – Angst wird nur kleiner, wenn man sie aktiv bekämpft!**

Wenn man vor etwas Angst hat, ist das einfachste, davor wegzulaufen. Nur leider hat das Weglaufen immer einen Haken:

- Man kann vor einem Hund weglaufen (auch wenn man das nicht tun sollte), aber die Angst vor Hunden wird man dadurch nicht los.
- Man kann vor unangenehmen Anrufen weglaufen, indem man sie verschiebt oder an den Partner delegiert, aber für das Selbstbewusstsein tut man damit nichts.
- Man kann bei Bauchweh zuhause bleiben, nur wenn man immer zuhause bleibt, verpasst man Wichtiges in der Schule und bekommt erhebliche Leistungsprobleme.
- Man kann jeden Kontakt mit anderen Kindern vermeiden, weil man sich nicht wohl fühlt dabei, aber damit lernt man nicht, wie man sich sozial verhält, und einsam ist man obendrein.

Wie man sieht, ist *Vermeidung* nur eine Strategie, die einem *kurzfristig* Erleichterung verschafft (deshalb ist sie auch zunächst so reizvoll). Langfristig aber ergeben sich aus ihr erhebliche Probleme: die Ängste werden nicht geringer oder sogar größer, die Fertigkeiten werden nicht gelernt, die Unselbständigkeit wird immer größer, das Selbstbewusstsein immer kleiner – man befindet sich in einem Teufelskreislauf! Und schließlich kommt es dazu, dass man *Angst vor der Angst* hat.

Das aktive Bekämpfen dagegen ist zunächst einmal unangenehm, denn man muss sich seiner Angst stellen und sich überwinden, etwas dagegen zu unternehmen – was für eine Anstrengung! Aber oft zeigt sich, dass die Angst unberechtigt war. Man ist stolz, etwas schweres bewältigt zu haben, das Selbstbewusstsein wächst.

Um dieses wichtige Prinzip auch Ihrem Kind nahezubringen, haben wir entsprechende Aussagen auf dem Blatt „Wie kann ich meine Angst besiegen?" zusammengestellt. Gehen Sie Satz für Satz mit Ihrem Kind durch; die Sätze kann es sich auch über das Bett hängen.

Wie kann ich die Angst besiegen?

→ Angst hält nicht ewig an, sondern geht schnell wieder vorbei – schneller, als man vorher denkt!

→ Angst wird nur dann weniger, wenn ich mich traue, etwas gegen sie zu tun – los geht's!

→ Wenn ich vor etwas Angst habe, denke ich daran, wie gut man sich fühlt, wenn man die Angst überstanden hat - wie ein Superheld!

→ Manche Sachen muss man üben, damit man keine Angst mehr davor hat – Üben macht die Angst weg!

→ Ich kämpfe nicht allein gegen meine Angst, sondern Mama und Papa helfen mir dabei – wir sind ein gutes Team!

→ Wenn man Angst hat, ist man angespannt – wenn ich mich entspanne, kann ich keine Angst haben!

→ Ich denke mir gute Gedanken aus, um mir selbst Mut zu machen – Sonne vertreibt die Wolken!

→ Ich laufe nicht vor der Angst weg, sondern sage mir:
„STOPP! STOPP! bleib steh'n,
du wirst seh'n:
die Ängste vergeh'n!"

(aus: Maur-Lambert, Landgraf und Oehler (2003): Gruppentraining für ängstliche und sozial unsichere Kinder und ihre Eltern. Dortmund: borgmann publishing)

2. Techniken zur Angstbewältigung

Es gibt eine Reihe von Techniken zur Angstbewältigung, die bei allen (oder fast allen) der in Kapitel 3 genannten Angststörungen zur Anwendung kommen:

1. Genaue Beobachtung
2. Motivation und realistische Zielsetzung
3. Entspannung
4. Superheld und Glückspfennig: Vorstellungsübungen
5. Gefühle erkennen und ausdrücken
6. Gedanken verändern
7. Fehlende soziale Fertigkeiten üben
8. Modellernen
9. Punkteplan
10. Gemeinsam einen Lösungsplan austüfteln
11. Der Notfallplan

2.1 Genaue Beobachtung

Wir haben Sie schon in Kapitel 3 dazu aufgefordert, Stärken und Schwächen Ihres Kindes genau zu beobachten. Nun ist wichtig, dass Sie eine Angst des Kindes auswählen und schauen: Wann (also unter welchen Bedingungen, in welcher Situation) tritt diese Angst auf? Wie äußert sich diese Angst bei unserem Kind? Wie reagiert das Kind darauf und wie reagieren wir darauf (Konsequenzen)?

Sie können dies auf einem Blatt schriftlich festhalten, so wie wir es Ihnen in dem nachfolgenden Beispiel zeigen:

Situation	Verhalten	Konsequenz
Mike soll einkaufen gehen.	Mike traut sich nicht (Gefühl). Er fängt an zu weinen und klammert sich an seine Mutter (Verhalten). Er kriegt Herzklopfen und schwitzt (Körper). Er hat Angst davor, etwas falsch zu machen (Gedanken).	Mike weigert sich. Seine Mutter beruhigt ihn und schickt seine Schwester, Mike ist daraufhin erleichtert. Abends schimpft Mikes Vater mit ihm.

Auf der Verhaltensebene sollten Sie versuchen, Gefühle, körperliche Zeichen, Gedanken und das Verhalten an sich auseinander zu halten. Wie Sie in der Konsequenzen-Spalte sehen, hilft Mikes Mutter ihm, die für ihn unangenehme Einkaufssituation zu vermeiden. Mike ist dadurch erleichtert, seine Mutter hat Ruhe, aber Einkaufen hat Mike dadurch immer noch nicht gelernt. Sein Vater ist deshalb enttäuscht, es kommt zum Krach zwischen den Ehepartnern – und so weiter.

Eine solche Verhaltensbeobachtung hilft einem, sich über Zusammenhänge klar zu werden, die man bisher übersehen hat. Besonderen Wert sollten Sie dabei legen auf:

- Was denkt mein Kind in der Angstsituation?
- Welchen positiven und welche negativen Konsequenzen ergeben sich?

> Beispiele:
> Justus hat abends immer Bauchweh. Er jammert so lange, bis er bei seinen Eltern im Bett schlafen darf (Konsequenz). Dort vergisst er sein Bauchweh schnell. Es stellt sich heraus, dass Justus Angst hat, allein in seinem Bett zu schlafen, weil er immer an die Oma denken muss, die kürzlich im Schlaf verstorben ist (Gedanke).
> Christina weigert sich, auf Kindergeburtstage zu gehen. Ihre Mutter weiß nicht, wie sie reagieren soll – weder bitten noch drohen scheinen zu helfen (Konsequenz). Christina hat Angst, weil sie nicht weiß, was sie auf den Geburtstagen erwartet (Gedanke).

☺ **Einbezug des Kindes:**
☺ Sie können Ihr Kind bitten, ein Bild zu malen, das Folgendes zeigt: sich selbst (also wie es aussieht, wenn es ängstlich ist), seine Gedanken (als Sprechblasen) und das, wovor es Angst hat. Bitten Sie Ihr Kind, Ihnen das Bild zu erläutern, so gut es kann.

2.2 Motivation und realistische Zielsetzung

Der sicherste Weg, Ihr Kind zu überfordern und zu frustrieren, ist: ihm zu hohe, unerreichbare Ziele zu setzen. Der sicherste Weg, Ihr Kind zu unterfordern und zu frustrieren, ist: ihm gar keine Ziele zu setzen, sondern ihm alles abzunehmen. Wichtig ist deshalb: realistische Ziele setzen und diese in kleinen Schritten anvisieren. Das motiviert Ihr Kind, etwas gegen seine Angst zu tun.
Um Ihr Kind zum Mitmachen zu bewegen, können Sie Folgendes tun:

☺ **Einbezug des Kindes:**

☺ Für Kinder ist es ein großer Anreiz zu sehen, welche Ziele sie erreichen wollen und welche Fortschritte sie gemacht haben. Wir benutzen dazu das sogenannte „Angstthermometer" (siehe Anhang). Hier kann Ihr Kind eintragen, wie stark die Angst vor etwas ist (z.B. „Angst vor Hunden – 80") und welche Angststärke es in den nächsten Wochen gerne erreichen möchte („30"). Unterstützen Sie Ihr Kind in der Auswahl eines realistischen Zieles („0" ist meist nicht realistisch)!

> ✓ Veränderungen im Verhalten können sich nur langsam und in kleinen Schritten einstellen. Psychologen sprechen deshalb vom „Prinzip der kleinen Schritte" – in der Alltagssprache würde man sagen: „Es ist noch kein Meister vom Himmel gefallen!".

Überlegen Sie einmal, wie Ihr Kind Fahrradfahren gelernt hat: vom Dreirad zum Rad mit Stützrädern, von den Stützrädern zum Festhalten des Sattels durch Sie, vom Festhalten des Sattels zum wackeligen Fahren, vom wackeligen Fahren zu sicheren Radtouren. Ähnliches gilt für das Sprechen: vom unverständlichen Brabbeln zur ersten Worten, von den ersten Worten zu Zwei-Wort-Verbindungen, von den Zwei-Wort-Verbindungen zu kleinen Sätzen und so weiter.

Wir helfen Ihnen bei der realistischen Zielsetzung:

A. Identifiziere ein konkretes Problem („Momentanes Verhalten"):

Suchen Sie eine ängstliche oder unsichere Verhaltensweise Ihres Kindes heraus. Beachten Sie, dass das Verhalten möglichst konkret sein muss.

> Beispiel 1: Mein Kind traut sich nicht, alleine ein Brot kaufen zu gehen.
> Beispiel 2: Mein Kind kann abends nicht alleine einschlafen, es muss sich immer jemand dazu legen.

B. Überlege, wie das wünschenswerte Verhalten aussehen würde:

Das fällt meist nicht schwer. Stellen Sie sich vor, es kommt die gute Therapeuten-Fee und fragt: „Wenn ich Ihr Kind verzaubern könnte, wie sähe das Ist-Verhalten dann morgen aus?" Versuchen Sie auch hier, möglichst konkret zu bleiben. Denken Sie immer daran, dass das wünschenswerte Verhalten nur in kleinen Schritten zu erreichen ist, manchmal ist auch nur ein Kompromiss möglich.

> Beispiel 1: Mein Kind kann selbständig in jedem Geschäft einkaufen.
> Beispiel 2: Mein Kind kann immer alleine einschlafen.

C. Wähle ein realistisches Ziel aus:

Beschreiben Sie nun das realistische Ziel, das Sie mit Ihrem Kind in den nächsten Wochen erreichen möchten. Fangen Sie mit kleinen Schritten an, von denen Sie denken, dass Ihr Kind sie auch schaffen kann, damit es ein Erfolgserlebnis hat und ermutigt wird, weitere Schritte zu probieren.

> Beispiel 1: Wir begleiten unser Kind zum Bäcker. Aufgabe des Kindes ist es, Guten Tag zu sagen und die Bestellung zu machen, die auf einem Zettel notiert ist.
> Beispiel 2: Die Zeit, in der sich jemand ins Bett dazu legt, wird auf zunächst 15 Minuten begrenzt (Vorlesen und Kuscheln).

☺ **Einbezug des Kindes:**

☺ Ältere Schulkinder, die über Ängste schon offen sprechen können, kann man in diese Übung gut einbeziehen. Durchlaufen Sie gemeinsam mit Ihrem Kind die drei Schritte: worunter leidet Ihr Kind, was würde die gute Fee machen und was kann Ihr Kind sich als ersten Schritt vornehmen? Zusätzlich kann das Kind beim dritten Punkt überlegen, welche Hilfestellungen es sich dabei von seinen Eltern wünscht.

2.3 Entspannung

Angst geht immer mit körperlicher Anspannung einher. Ganz zu Anfang des Buches hatten wir das schon beschrieben – denken Sie an all die Redensweisen wie „Vor Angst weiche Knie kriegen", „Mir stehen die Haare zu Berge", „ein flaues Gefühl im Magen haben" usw. Um all diese unangenehmen körperlichen Angstzeichen in den Griff zu bekommen, sind *Entspannungsübungen* die geeignetste Maßnahme. Im Anhang finden Sie eine Entspannungsübung, die viele Kinder mögen. Es ist wichtig, dass Sie die Entspannungstechnik richtig mit Ihrem Kind einüben:

(1) Machen Sie ein Ritual daraus: z.B. jeden Abend vor dem Einschlafen 10 Minuten Entspannungsübung zusammen mit dem Papa.

(2) Lesen Sie die Übung Ihrem Kind vor und führen Sie die Übungen mit Ihrem Kind gemeinsam durch. Ihr Kind wird die Übung nach wenigen Tagen nahezu auswendig können.

(3) Reduzieren Sie die Geschichte, wenn Sie das Gefühl haben, dass Ihr Kind sich immer schneller beim Vorlesen entspannen kann.

(4) Lassen Sie Ihr Kind einen Teil der Geschichte aussuchen (z.B. die Zitrone in der Hand), der ihm besonders gefällt. Dieses Symbol (Zitrone) wird zum Zeichen für Entspannung. Wenn Ihr Kind an dieses Symbol denkt, stellt sich durch die Übung körperliche Entspannung ein.

(5) Wenn Ihr Kind ängstlich und körperlich angespannt ist, erinnern Sie es an das Entspannungssymbol und helfen Sie ihm, entspannt zu werden.

2.4 Superheld und Glückspfennig: Vorstellungsübungen

Ängstliche Kinder sind oft auch deshalb so ängstlich, weil sie eine starke Phantasie haben. Diese Fähigkeit kann man auch positiv nutzen durch sogenannte *Vorstellungsübungen*. In Vorstellungsübungen wird den Kindern ein Talisman oder ein Superheld zur Seite gestellt, der ihnen bei der Bewältigung ihrer Ängste hilft.
Solche Vorstellungsübungen sollen die Konzentration Ihres Kindes von seinen Ängsten weg auf etwas positives lenken und geben ihm das Gefühl, seine Ängste kontrollieren zu können.
Wenn Ihr Kind besonders stark auf diese Übungen anspricht, finden Sie weitere Tricks dazu in folgendem Buch: Brown, J.L., Keine Räuber unterm Bett (Deutscher Taschenbuch Verlag).

2.5 Gefühle erkennen und ausdrücken

Sie haben sicher auch schon festgestellt, dass Menschen unterschiedlich gut über ihre Gefühle sprechen können – Frauen tun sich z.B. in diesem Punkt häufig leichter als Männer. Auch bei Kindern gibt es diesbezüglich schon Unterschiede: manche können leicht über ihre Ängste sprechen, anderen fällt dies schwer.

Es gibt zwei Voraussetzungen zum richtigen Umgang mit Gefühlen: man muss sie bei anderen richtig erkennen und man muss sie selbst ausdrücken können.

Das richtige Erkennen von Gefühlen bedeutet auch, dass man verschiedene Gefühle zu unterscheiden lernt. Wut ist nicht gleich Angst, Überraschung ist etwas anderes als Trauer, Freude ist nicht das gleiche wie Erleichterung usw. Wenn man Gefühle richtig ausdrücken kann, verstehen andere Menschen einen besser.

„**Gefühle erkennen**" lernt ein Kind am besten beiläufig. Wenn Sie z.B. Illustrierte durchblättern oder Fernsehsendungen gemeinsam mit Ihrem Kind anschauen, können Sie mit Ihrem Kind überlegen:

(1) „Was meinst du, wie diese Person sich fühlt / wie es der geht?"
(2) „Woran erkennst du, wie sie sich fühlt? Schau dir mal das Gesicht an und versuche es zu beschreiben."
(3) „Wie reagiert man meistens, wenn man sich .... fühlt?"
(4) „Was glaubst du, warum die Person sich ... fühlt?"

Beispiel: In einer Illustrierten ist ein Kind im Arm seiner Mutter abgebildet, das weint. Frage 1: Das Kind ist traurig. Frage 2: Es weint. Seine Augenbrauen sind zusammengezogen, die Mundwinkel zeigen nach unten. Frage 3: Man weint und geht zur Mama. Frage 4: Vielleicht ist ein Spielzeug kaputt gegangen.

Wenn Sie merken, dass Ihr Kind sich schwer tut damit, können Sie es auch ein bisschen systematischer angehen und gezielt Bilder mit verschiedenen Gefühlsausdrücken sammeln (auch z.B. Photographien der Familie!) und besprechen. Es gibt dazu auch gute Bilderbücher (siehe Anhang).

Zum **Ausdruck von Gefühlen** sollte man sein Kind aktiv ermuntern. Wenn es z.B. weint oder einen Wutanfall hat oder sich sehr freut oder traurig ist, können Sie es fragen (wenn es sich etwas beruhigt hat oder abends im Bett):

(5) Als du vorhin ... warst, wie hast du dich da gefühlt?
(6) Woran habe ich wohl gemerkt, dass du dich ... gefühlt hast?
(7) Meinst du, du könntest es das nächste Mal einfach sagen, wie du dich fühlst, ohne gleich zu weinen oder einen Wutanfall zu bekommen oder eine halbe Stunde zu schmollen etc.?
(8) Warum hast du dich ... gefühlt, was war wohl der Grund?

Beispiel: Ein Freund Ihres Kindes ruft an und sagt, dass er heute nachmittag doch nicht zum Spielen kommen kann. Frage 5: Ich war traurig und auch ein bisschen sauer. Frage 6: Ich habe traurig geguckt und geschmollt und auf mein Bett gehauen und nix gesagt. Frage 7: Ich kann's probieren. Frage 8: Ich war traurig, weil ich keinen zum Spielen hatte und mich schon darauf gefreut hatte, und ich war wütend, weil der Philipp einfach nicht gekommen ist.

Die beschriebenen Fragen sind für viele Kinder schwierig, vor allem vor dem Alter von 8-9 Jahren. Helfen Sie Ihrem Kind spielerisch und seien Sie Vorbild!

2.6 Gedanken verändern

Wir haben schon mehrfach beschrieben, dass Ängste mit *negativen Gedanken* einhergehen. Die häufigsten negativen Gedanken fallen in zwei große Kategorien:

(1) Ein Objekt oder eine Situation wird als gefährlicher eingeschätzt, als es/sie in Wirklichkeit ist („Alle Hunde beißen", „In der Gruppe wird mich niemand mögen, alle lehnen mich ab.").
(2) Man traut sich selbst nicht zu, mit dem (gefährlichen) Objekt oder der Situation umgehen zu können („Ich kann das nicht", Ich weiß nicht, wie ich mich verhalten soll, ohne dass es total peinlich wird").

Wenn Sie merken, dass Ihr Kind viele negativen Gedanken in einer bestimmten Angstsituation hat, sollten Sie diese gemeinsam sammeln und aufschreiben. Als Symbol für einen schlechten Gedanken kann man eine Wolke benutzen. Nun ist es wichtig, die Wolken durch die Sonne (= gute Gedanken) zu ersetzen. Dabei kann man diesen Leitfragen folgen:

Leitfrage	Beispiel
Was ist der Situation / dem Objekt gutes abzugewinnen?	– Angst vor neuen Dingen: „Ich lerne neue Sachen kennen, die mir vielleicht Spaß machen." – Angst vor sozialen Situationen: „Mal sehen, vielleicht lerne ich ja ein Kind kennen, das ich mag."
Welche Ängste in einer solchen Situation / gegenüber einem solchen Objekt sind normal?	– Angst vor neuen Dingen: „Viele Leute machen sich ein bisschen Sorgen, wenn etwas neues auf sie zu kommt, aber sie trauen sich!" – Angst vor sozialen Situationen: „Natürlich ist es nicht einfach, vor anderen Kindern zu sprechen, aber ich versuche es."
Was kann ich tun, damit es mir in dieser Situation besser geht?	– Angst vor neuen Dingen: „Zuhause mache ich nochmal meine Entspannungsübung und dann denke ich an meinen Punkteplan." – Angst vor sozialen Situationen: „Ich habe geübt, wie man mit fremden Kindern spricht. Ich denke auch daran, wie gut es schon das letzte Mal geklappt hat."

Es kann auch sinnvoll sein, weitere gute Gedanken zu sammeln, wenn Ihr Kind eine schwierige Situation gemeistert hat (z.B. „War gar nicht so schlimm wie befürchtet!", „Ich bin stolz, dass ich das geschafft habe!").

Der Gedanke, der Ihrem Kind am meisten Mut macht und den es am liebsten mag, sollten Sie zum **Mutmachspruch** erheben. Lassen Sie Ihr Kind seinen Mutmachspruch auf einen großen Zettel schreiben und etwas tolles dazu malen. In schwierigen Situationen können Sie Ihr Kind an seinen Spruch erinnern.

Wir möchten schlechte und gute Gedanken an einem Beispiel verdeutlichen:

Katja ist 10 Jahre alt, im letzten Sommer hatte ihr Vater einen Kreislaufzusammenbruch. Sie hat dies miterlebt und war sehr verängstigt, dass er sterben könnte. Seitdem hat sie abends panische Angst, wenn er noch einmal weggeht.

Situation	schlechte Gedanken	gute Gedanken
Katja liegt in ihrem Bett, ihr Vater ist weggegangen zu einer Versammlung.	Ich habe Angst, dass mein Papa nicht zurückkommt. Ich habe Angst, so allein in meinem Bett zu liegen. Wenn ich so Angst habe, wird mir ganz schlecht, ich kann nicht einschlafen und weiß gar nicht, was ich tun soll.	Papa hat gesagt, dass er um 23 Uhr zurückkommt und ich weiß, dass ich mich auf ihn verlassen kann. Ich bin erst 10 Jahre alt und schaffe es schon, abends allein zu bleiben, auch wenn ich ein bisschen nervös bin. Wenn ich merke, dass die Angst kommt, mache ich meine Entspannungsübung. Außerdem denke ich an meine guten Gedanken, die neben meinem Bett hängen.

(Diese Tabelle haben wir für Sie als Vorlage in den Anhang eingefügt.).

2.7 Fehlende soziale Fertigkeiten üben

Ein Kind kann nicht schöne Bilder malen, wenn es den Stift nicht richtig halten kann. So ist es auch bei der Angst: wenn ich beispielsweise einfach nicht weiß, wie ich ein Gespräch beginne, kann man nicht verlangen, dass ich mich in eine Gruppe unbekannter Personen ohne Unbehagen hineintraue.

Es ist deshalb wichtig, dass Sie genau überlegen, was Sie von Ihrem Kind verlangen: hat es die nötigen Fertigkeiten schon, oder muss es diese noch lernen? Besonders wichtig ist dies bei sozialen Ängsten. Wenn Sie in Kapitel 3 bei Übung 2 viele Defizite in den sozialen Fertigkeiten Ihres Kindes angekreuzt haben, ist es wichtig, in diesem Bereich etwas zu tun (wie genau, beschreiben wir Ihnen im Kapitel 9 „Tipps bei einzelnen Störungsbildern").

2.8 Modellernen

Wir haben ja bereits ausführlich beschrieben, wie wichtig Eltern (und an der Erziehung beteiligte Großeltern) als Modelle für ihre Kinder sind. Das *Lernen am Modell* bezieht sich auf viele Dinge, die wir in diesem Kapitel bereits beschrieben haben:

☑ Eltern sind Modelle ...
... in ihren Erwartungen und Zielsetzungen,
... in ihrem Umgang mit Gefühlen,
... in ihrem Umgang mit negativen und positiven Gedanken,
... mit ihrem sozialen Verhalten und ihren sozialen Fertigkeiten,
... in der Art der Lebensführung: entspannt oder angespannt,
... in ihrem Umgang mit Angst: angehen oder vermeiden.

Besonders wichtig ist das Modellernen in zwei Bereichen: (a) wie gehen Mama/Papa mit Angst um und (b) wie lösen Mama/Papa soziale Situationen?

> Beispiele:
> Jörgs Mama schreit und rennt aus dem Raum, sobald sie eine Spinne sieht. Jörg lernt an diesem Modell: Spinnen sind gefährlich, Angst zeige ich durch Schreien und Weglaufen.
> Frederik hat schon gemerkt, dass sein Papa bei Streit schnell das Schreien anfängt und manchmal sogar zuschlägt. Einmal hat er der Mama eine runtergehauen und einmal seinem Fußballtrainer. Der Fußballtrainer hat Frederik dann beim nächsten Spiel von Anfang an spielen lassen. Frederik lernt: wenn es Streit gibt, haut man zu, manchmal kriegt man dann auch seinen Willen.

Das Modellernen ist besonders wichtig für sozial unsichere Kinder (siehe Kapitel 9 „Tipps bei einzelnen Störungsbildern").

2.9 Punkteplan

Das Bekämpfen von Ängsten ist anstrengend und erfordert Ausdauer. Um ein Kind zu motivieren und „bei der Stange" zu halten, hat sich der sogenannte *Punkteplan* bewährt. Das Prinzip eines solchen Planes ist wie folgt: wenn ein Kind es schafft, ein bestimmtes Verhalten zu zeigen, bekommt es einen Punkt, wenn es eine bestimmte Anzahl dieser Punkte gesammelt hat, bekommt es eine Belohnung.

> Beispiel:
> Tira bekommt immer einen Punkt, wenn sie es schafft, Klassenkameradinnen selbst anzurufen. Am Ende der Woche hat sie vier Punkte erreicht, dafür macht sie mit Papa eine Radtour, die sie sich gewünscht hat.

Der Punkteplan dient also mehreren Zielen:
(1) Das Kind erklärt sich bereit, ein bestimmtes Verhalten zu zeigen.
(2) Das Kind wird für seine Mühen belohnt.
(3) Das Kind kann sehen und erleben, was es geschafft und erreicht hat.
(4) Positives Verhalten wird in den Vordergrund gestellt und von den Eltern gewürdigt.

Eine genaue Beschreibung des Punkteplanes mit ausführlichen Beispielen finden Sie im Anhang.

2.10 Gemeinsam einen Lösungsplan austüfteln

Es ist wichtig, *lösungsorientiert* zu denken – d.h. man ist der Ansicht, dass es nicht nur ein Problem, sondern auch eine machbare Lösung dafür gibt. Eine solche Lösung fällt aber nicht vom Himmel, sondern muss sorgfältig ausgetüftelt werden. Dies ist übrigens eine sehr schwere Aufgabe für Laien; nichtsdestotrotz wollen wir Ihnen ein paar Tipps dafür geben. Im Grunde ist es so, dass im Lösungsplan die bisher beschriebenen Techniken sinnvoll zusammengestellt werden. Ein solcher Plan braucht viel Phantasie und Erfahrung; bei vielen Kindern ist hier ein professioneller Therapeut gefragt.

> ✓ Wenn Sie Ihrem Kind in schwierigen Situationen helfen wollen, sollten Sie ihm nicht fertige Lösungen vorgeben, sondern diese gemeinsam entwickeln und ausprobieren. Das wird seine Motivation und sein Selbstbewusstsein fördern.

Vorbereitung:
Suchen Sie in entspannten Situationen das Gespräch mit Ihrem Kind, z. B. beim gemeinsamen Spielen. Erklären Sie dem Kind genau, warum jetzt gemeinsam ein solcher Lösungsplan ausgetüftelt wird. Ziel ist es, dass das Kind seine eigenen Ideen einbringen kann und lernt, selbst zu entscheiden.

Schritte zum Mut-mach-Plan:

Lösungsschritt Nr.	Inhalt
1: Situation auswählen	siehe Abschnitt 1: „Genaue Beobachtung"
2: realistisches Ziel setzen	siehe Abschnitt 2: „Realistische Zielsetzung"
3: Lösungsideen sammeln	Kind und Eltern sammeln alle Lösungsideen, die ihnen einfallen, ohne sie zu bewerten. Bei den Lösungsideen kann natürlich auf Techniken dieses Kapitels zurückgegriffen werden.
4: Lösungsideen auswählen	Aus den Lösungsideen werden jetzt die besten ausgewählt, d.h. diejenigen, die realisierbar und sinnvoll sind.
5: Hilfen	Gemeinsam wird überlegt, welche Hilfen das Kind (z.B. von Seiten der Eltern) bei der Durchführung des Planes braucht.
6: Belohnung festlegen	siehe Abschnitt 7: „Punkteplan"
7: Plan durchführen	Der Plan wird einmal probeweise durchgeführt.
8: Plan verbessern	Es wird gemeinsam besprochen, was schon gut funktioniert hat und was noch verbessert werden muss. Verbesserungen werden vorgenommen.
9: Plan dauerhaft durchführen	Der Plan wird über einen längeren Zeitraum (meist mehrere Wochen) durchgeführt, um das realistische Ziel zu erreichen.
10: Lob & Belohnung	Das Kind wird für seine Anstrengungen gelobt. Belohnung wie nach dem Punkteplan vereinbart.

Besonders schwierig ist es, geeignete Lösungsideen zu sammeln. Im Anhang haben wir Ihnen einige Beispiele für Mut-mach-Pläne aufgeführt.

2.11 Der Notfallplan

Alle bisher beschriebenen Techniken benötigen Zeit und gute Planung. Was aber, wenn ein akuter „Angstanfall" Ihres Kindes mit entsprechender Verweigerung plötzlich auftritt? Wenn Sie die oben beschriebenen Techniken durchgegangen und bereits einmal ausprobiert haben, können wir Ihnen folgende Tipps geben:

1. Bleiben Sie ruhig! Lassen Sie sich nicht von der Panik Ihres Kindes anstecken. Fragen Sie Ihr Kind geduldig, wovor genau es Angst hat. Zeigen Sie Ihr Mitgefühl, aber fangen Sie nicht mit unnötigem Rückversichern an. Zur ersten Beruhigung kann sich eine kurze Entspannungsübung eignen!

2. Erklären Sie Ihrem Kind, dass es jetzt zwei Möglichkeiten gibt: nichts zu tun und weiter Angst haben oder aber gemeinsam etwas zu tun, was die Angst verringert.
3. Lösen Sie die Situation nicht für Ihr Kind. Überlegen Sie gemeinsam, was man jetzt tun kann. Loben Sie Ihr Kind für seine Ideen, die Angst zu bekämpfen.
4. Bewerten Sie gemeinsam die Lösungsideen („Was würde wohl passieren, wenn wir das probieren?"). Wählen Sie zusammen die beste Idee aus. Achten Sie darauf, dass es keine „Vermeidungsstrategie" ist!
5. Helfen Sie Ihrem Kind bei der Durchführung, soweit dies nötig ist. Loben Sie es für seine Anstrengungen unmittelbar danach und abends noch einmal.

☺ **Einbezug des Kindes:**

☺ Es kann auch sehr hilfreich sein, das Kind schon im Vorfeld auf „Notfälle" vorzubereiten. Dazu sollte man gemeinsam mit dem Kind folgende Übung durchführen:

„Du weißt, wir haben schon eine ganze Menge Tricks gegen die Angst ausprobiert. Aber manchmal kommt die Angst trotzdem. Wenn die Angst so stark ist, vergisst man schnell, welche Tricks es gibt. Deshalb packen wir jetzt sozusagen unseren Notfallkoffer. Du malst einen Koffer und schreibst alle Tricks hinein, die wir kennen. Du weißt dann, dass du nur Deinen Notfallkoffer auspacken musst, wenn die Angst kommt."

Mein Notfallkoffer gegen Angst
Entspannung   Ich will mutiger werden!
Belohnung für Mut
Gute Gedanken   Ich mache es wie mein Superheld!

9. Tipps bei spezifischen Ängsten

In Kapitel 7 haben wir Ihnen Hinweise zur Erziehung gegeben, in Kapitel 8 Tipps, die für alle Ängste gelten. In diesem Kapitel 9 geht es jetzt noch einmal um die *spezifischen Angststörungen,* wie wir sie Ihnen zu Beginn des Buches beschrieben hatten. Die Kapitel 8 und 9 hängen eng zusammen, denn in Kapitel 9 wird immer wieder auf Techniken des achten Kapitels verwiesen.

Die hier beschriebenen Tipps gelten nur für leicnt ausgeprägte Ängste. Für mittlere und schwere Ängste ist immer ein Therapeut zu konsultieren. Für alle Tipps gilt: sie klappen nicht, wenn Sie sie halbherzig und hektisch durchziehen wollen. Wir empfehlen Ihnen folgendes Vorgehen:

- Schaffen Sie eine gute Grundlage, um die Ängste Ihres Kindes anzugehen. Dazu sollen vor allem die Anregungen des Kapitels 7 dienen: durch verstärktes Loben die Beziehung zum Kind verbessern, das eigene Erziehungsverhalten reflektieren, Vorbild sein, Schwächen akzeptieren, Überforderungen abbauen usw. Schon dafür müssen Sie sich mindestens zwei Wochen Zeit nehmen, denn Sie werden merken, dass sich solche Dinge nicht von selbst einstellen, sondern Anstrengung und Einsatz erfordern – genau das, was Sie ja auch Ihrem Kind abverlangen.

- Planen Sie mit Ihrem Kind gemeinsam. Nehmen Sie sich viel Zeit und beweisen Sie Geduld, stellen Sie sich auf Ihr Kind ein. Seien Sie aber auch konsequent und ausdauernd. Besprechen Sie alle Übungen mit Ihrem Kind ganz genau, damit es weiß, was auf es zukommt und was das Ziel ist.

- Kalkulieren Sie Misserfolge und Rückschläge ein. Lang andauernde Ängste lösen sich nicht in ein paar Tagen in nichts auf. Lassen Sie sich aber auch nicht ermutigen. Wenn Sie nicht recht vorwärtskommen oder weiterwissen, konsultieren Sie einen Fachmann.

1. Phobien

Ich mache mich schlau ...

Für Kinder kann es hilfreich sein, zunächst einmal Informationen über das gefürchtete Objekt XY zu sammeln. Informationsquellen können Kinderlexika sein, Bücher über das betreffende Thema oder auch das Internet. Die Informationen sollten Sie gemeinsam mit Ihrem Kind sammeln und auf einem Blatt zusammentragen. Leitfragen können dabei sein:

Information	Konkrete Beispiele
Wozu ist XY nützlich?	Wofür gibt es Spritzen? Warum muss man zum Zahnarzt gehen? Warum sind Spinnen in der Natur wichtig? Warum sind Hunde beliebte Tiere? Was passiert genau bei einem Gewitter?
Wie gefährlich ist XY wirklich?	Warum können Spinnen mir nicht gefährlich werden? Wie oft und in welchen Situationen beißen Hunde? Was kann man dann tun? Wie lange halten Schmerzen an?
Warum kann es tatsächlich sinnvoll sein, ein bisschen Angst zu haben?	Wie sollte man sich bei unbekannten Hunden verhalten? Wie sollte man sich bei Gewitter verhalten?

Die Angsthierarchie

Wenn Ihr Kind eine Phobie hat, ist es wichtig, eine sogenannte „Angsthierarchie" zu bilden: man stuft fein ab, vor welchen Aspekten das Kind wie viel Angst hat. Dazu eignet sich das Angstthermometer (siehe Anhang) besonders gut. Wir wollen es an einem Beispiel verdeutlichen:

Ihr Kind hat Angst vor Hunden. Zunächst sollten Sie einen konkreten Hund auswählen – z.B. den Hund des Nachbarn Müller, der eine Straße weiter wohnt. Eine Hierarchie der Ängste kann in diesem Fall so aussehen:

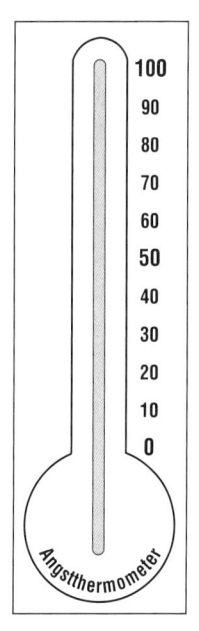

Angstthermometer	
100	Hund allein streicheln
90	Hund streicheln, wenn Mama dabei ist
80	
70	Hund ohne Zaun davor ansehen, wenn er an Leine ist
60	
50	Hund ansehen, wenn Zaun davor ist
40	
30	Hund von der anderen Straßenseite aus ansehen
20	
10	auf der Straße an den Hund denken
0	zu Hause an den Hund denken

Die Idee ist nun, das Kind mit der untersten Stufe zu konfrontieren, bis die Angst auf dieser Stufe verschwindet; dann geht es Stufe für Stufe nach oben. In unserem Beispiel würde dies heißen, gemeinsam mit Ihrem Kind auf der Straße über den gefürchteten Hund zu sprechen. Das Prinzip, dass das Kind erlernen soll, haben wir Ihnen schon vorgestellt (Blatt „Wie kann ich die Angst besiegen"):

→ Angst wird nur dann weniger, wenn ich mich traue, etwas gegen sie zu tun – los geht's!
→ Manche Sachen muss man üben, damit man keine Angst mehr davor hat – Üben macht die Angst weg!
→ Ich laufe nicht vor der Angst weg, sondern sage mir: **„STOPP! STOPP! bleib steh'n, du wirst seh'n: die Ängste vergeh'n!"**

Es ist häufig sehr hilfreich für die Kinder, in den Angstsituationen Entspannungsübungen anzuwenden.

→ Wenn man Angst hat, ist man angespannt – wenn ich mich entspanne, kann ich keine Angst haben!

Wenn Ihr Kind eine Situation mehrmals geübt und bewältigt hat, sollte dies auf dem Angstthermometer verdeutlicht werden, indem die Situation von beispielsweise Grad 20 auf Grad 0 heruntergesetzt wird. Die Kinder sind sehr stolz, wenn sie so ihre Verhaltensfortschritte bildlich vor sich sehen.

Das Bewältigen der einzelnen Situationen kann man gut mit einem Punkteplan koppeln (z.B.: Eine Woche lang jeden Tag den Hund von der gegenüberliegenden Straßenseite aus ansehen gibt sieben Punkte, die in eine Belohnung umgewandelt werden können). Außerdem sollten Sie mit Ihrem Kind für die gefürchteten Situationen gute Gedanken bzw. einen Mutspruch erarbeiten, auf die es dann zurückgreifen kann.

2. Trennungsangst

Bei der Behandlung der Trennungsangst ist meist professionelle Hilfe notwendig. Wenn die Trennungsangst aber noch nicht zu stark ausgeprägt ist, so haben sich die nachfolgend beschriebenen Techniken bewährt.

Überprüfen Sie sich selbst

Bei manchen trennungsängstlichen Kindern ist es so, dass sie eine ganz besondere Rolle im Leben ihrer Eltern spielen:

- Wenn der Vater die Familie z.B. verlassen hat und sich nicht mehr kümmert, kann das Kind plötzlich die Hauptbezugsperson der Mutter sein. Es werden dann vielleicht Dinge besprochen, die für sein Alter eigentlich zu schwierig sind. Oder das Kind merkt, dass es der Mutter schlecht geht und hat dann Angst, die Mutter könnte es auch noch verlassen.

- Für manche Mütter, die ein schwaches Selbstwertgefühl haben, sind ihre Kinder „alles" im Leben oder das einzige, was sie ihrer Meinung nach je „geleistet" haben. Sie ertragen es nicht, wenn ihr Kind sich ohne Probleme von ihnen löst, um in den Kindergarten oder die Schule zu gehen, denn das Kind soll doch an ihnen „hängen" – Trennungsangst verstehen solche Mütter als eine Art Liebesbeweis des Kindes und als Signal: „Ich brauche dich, Mama."

- Kinder in Trennungsfamilien erleben oft starke Konflikte, wenn beide Eltern versuchen, es „auf ihre Seite zu ziehen" und gegen das andere Elternteil aufzubringen. Manchmal wollen sie sich dann nicht von einem Elternteil trennen, da sie diese Konflikte nicht aushalten können und loyal sein wollen.

Dies sind Beispiele dafür, dass Trennungsangst eine spezielle Funktion innerhalb einer Familie haben kann (z.B. Schutz vor dem Verlust einer weiteren Bezugsperson, Lebensinhalt der Mutter sein, nicht zwischen beiden Eltern hin- und hergerissen sein müssen etc.). Solche Funktionen sind nicht einfach zu erkennen, aber hören Sie vielleicht einmal in sich hinein und reflektieren Sie, ob die Trennungsangst Ihres Kindes eine besondere Rolle in der Familie haben könnte. Achten Sie besonders auf Ihre eigenen Gefühle und Gedanken dabei.

Angst aushalten lernen

Bei Übungen zur Trennungsangst ist wichtig, dass Sie verlässlich sind für Ihr Kind, also ihm sagen, wo genau Sie hingehen und wann Sie wiederkommen. Seien Sie aber dann konsequent, auch wenn es Ihrem Kind zunächst sehr schwer fallen wird, Sie gehen zu lassen. Verzichten Sie auch auf Rückversicherungen von Ihrer Seite wie früher heimkommen oder Anrufe beim Kind. Das wichtigste Ziel ist, dass Ihr Kind lernt, dass seine Angst, die es bei der Trennung hat, nicht ewig anhält, sondern bald vorbeigeht. Dazu trägt seine Entspannungsübung als Möglichkeit der Ablenkung und Kontrolle bei. Man kann Folgendes vereinbaren: „Wenn ich die Tür hinter mir zumache, darfst du dir fünf Minuten lang auf deinem Bett mit deinem Kuscheltier zusammen ganz doll Sorgen machen. Dann fängst du mit deiner Entspannungsübung an und achtest darauf, wie deine Sorgen immer kleiner werden. Du denkst zum Schluss fest an deinen Mutmachspruch."

> Beispiel:
> Janina hat Angst, abends allein zu bleiben, sie will nicht, dass ihre Mutter weggeht. Wenn es sich gar nicht verhindern lässt, nimmt ihre Mutter das Handy mit, auf dem Janina dann auch mehrfach anruft. Einschlafen kann sie nicht, bevor die Mutter wieder zuhause ist.
> Vorgehen: zunächst üben Janina und ihre Mutter die Entspannungsübung ein und ersetzen die Wolkengedanken durch Sonnengedanken. Janinas Mutmachspruch ist: „Ich bin schon groß, ich schaffe es!" Der Punkteplan beginnt ganz einfach: Die Mutter geht zweimal in der Woche abends für eine Stunde weg (Janina weiß wohin) mit Handy. Janina bekommt einen Punkt, wenn sie nicht anruft und ihre Entspannungsübung selber durchführt. Nachdem das geklappt hat, bleibt die Mutter zunehmend länger und ohne Handy weg usw.

Techniken gegen die Trennungsangst
- **Rituale.** Rituale geben Kindern Sicherheit. Wenn Sie z.b. Ihr Kinder dazu bringen wollen, dass es einmal pro Woche abends allein zu Hause bleiben soll, so sollten Sie dies – zumindest am Anfang – stark ritualisieren: Gehen Sie immer am selben Abend zur selben Zeit fort, machen Sie vorher gemeinsame Aktivitäten mit Ihrem Kind (z.b. zusammen Abend essen, ein Gesellschaftsspiel, auf dem Zimmer noch eine Geschichte zusammen lesen o.ä.), die Sie auch beim nächsten Mal wieder durchführen und geben Sie Ihrem Kind einen „Helfer" an die Seite (z.b. ein Kuscheltier). Besprechen Sie mit Kind und „Helfer"-Kuscheltier den weiteren Abend, aber nur einmal (keine unnötigen Rückversicherungen, siehe oben). Zu den Ritualen kann auch das Durchführen einer Entspannungsübung gehören.

- **Richtig belohnen** (siehe Kapitel 7). Machen Sie sich bewusst, dass die Trennungsangst für Ihr Kind auch viele Vorteile hat: es erlebt sehr viel Zuwendung, darf mehr Zeit mit der Mama verbringen, es erlebt, das man sich um es sorgt und bemüht etc. Deshalb ist es wichtig, die Situation ein wenig zu erschweren, denn Belohnungen soll das Kind ja dann erhalten, wenn es sich mutig statt ängstlich verhält! Solange Ihr Kind Sie nicht gehen lässt (oder selbst nicht gehen will), sollten Sie klare Regeln vereinbaren: es gibt für diese Zeit keine besondere Zuwendung (also z.B. Trost, Kuscheln, zusammen spielen oder fernsehen etc.!). Am besten sollte Ihr Kind diese Zeit auf seinem Zimmer verbringen, aber ohne Fernsehen oder Computer! Es muss klar sein, dass es diese heißbegehrten Dinge nur bei mutigem Verhalten gibt. Deshalb hat sich auch bei Trennungsangst ein detaillierter Punkte- bzw. Mutmachplan bewährt (siehe Anhang).

- Gedanken verändern (siehe Kapitel 8). Die zentrale Befürchtung bei trennungsängstlichen Kindern ist der Gedanke, dem Elternteil könnte etwas passieren – also die *Angst vor Verlust* des Vaters oder der Mutter. Es ist deshalb wichtig, tröstliche und rationalere Gedanken mit dem Kind zu erarbeiten. Die Techniken in Kapitel 8 eignen sich dazu sehr gut.

> Beispiel:
> Nora lässt ihren Vater nicht mehr aus dem Haus, seitdem sie seinen Schwächeanfall einige Monate zuvor miterlebt hatte. Sie hatte damals panische Angst, er könnte sterben. Ihren Befürchtungen wurden gute Gedanken gegenübergestellt:

„Mein Papa ist sehr zuverlässig. Ich kann mich auf ihn verlassen. Er hält sich an das, was wir vereinbaren. Er lässt sich regelmäßig vom Arzt untersuchen; der Arzt achtet darauf, dass alles in Ordnung ist."

3. Schul- und Leistungsängste

Kontakt zur Schule herstellen

Bei Schul- und Leistungsängsten sollten Sie immer den Kontakt zur Schule suchen. Lassen Sie sich vom Lehrer schildern, wie er Ihr Kind in puncto Leistungs- und Sozialverhalten erlebt. Besprechen Sie mit ihm Ihre Bedenken und Sorgen sowie Möglichkeiten, wie der Lehrer das Kind unterstützen kann.

Gegebenenfalls sollte ein Schulpsychologe (oder sonderpädagogische Fachleute) eingeschaltet werden. Ein Schulpsychologe kann zwischen Eltern und Lehrern vermitteln. Außerdem hat er die Möglichkeit, das Kind ausführlich zu testen im Hinblick auf seine Begabung, seine Konzentration, sein Leistungsverhalten und mögliche Teilleistungsschwächen. Es können dann gemeinsam Maßnahmen besprochen und durchgeführt werden.

Wichtig ist abzuklären:

(a) Wovor genau hat das Kind Angst?

(b) Was können Gründe für diese Ängstlichkeit sein?

(c) Was können Eltern und Schule gemeinsam gegen diese Ängste tun?

Mögliche häusliche Ursachen

In Kapitel 3 hatten wir Ihnen bereits beschrieben, wie vielfältig die Gründe für Schul- und Leistungsängste sein können. Es ist Sache eines Fachmannes herauszufinden, welche Faktoren bei Ihrem Kind eine Rolle spielen.

Zwei wichtige Faktoren für Leistungsängste aber betreffen v.a. den häuslichen Bereich:

1) Falsches Lernverhalten des Kindes:
   Leistungsängste entstehen besonders dann, wenn das Kind erst einen oder zwei Tage vor der Klassenarbeit anfängt zu lernen. Das ist häufig zu kurzfristig und verdeutlicht nur, welche Wissenslücken man hat, die man in der kurzen Zeit nicht mehr aufholen kann.

Angst ist die natürliche Folge. Wenn Ihr Kind falsch lernt, können Sie hilfreiche Tipps beim Schulpsychologen erfahren. Es gibt auch eine Vielzahl von Ratgebern auf diesem Gebiet.

2) Überhöhte Leistungserwartungen der Eltern an das Kind
Eltern sollten sich folgende Fragen stellen:
– Welche Bedeutung haben schulische Leistungen in unserer Familie?
– Welche Erwartungen habe ich an mein Kind?
– Sind diese Erwartungen realistisch?
– Wie wird in der Familie mit Misserfolgen umgegangen?
– Wie ist die Rolle der Geschwister?

Techniken gegen die Leistungsangst

Folgende Strategien können nützlich sein bei Schul- und Leistungsängsten:

- **Entspannung** (siehe Kapitel 8). Bei leistungsängstlichen Kindern zeigt sich Nervosität und Anspannung oft am Abend vorher und am Morgen der Klassenarbeit. Dies sind dann auch die richtigen Zeitpunkte, die Entspannungsübung einzusetzen. Für die Kinder ist es oft eine große Entlastung, etwas aktiv gegen ihre Anspannung tun zu können.

- **Gedanken verändern** (siehe Kapitel 8). Vor anstehenden Klassenarbeiten treten häufig viele negative Gedanken auf wie „Das wird sowieso wieder nix!" oder „Ich schaffe die Arbeit nicht". Es ist sehr wichtig, das Augenmerk auf positive Gedanken zu lenken: z.B. darauf, wie gut man sich vorbereitet hat, darauf, dass einem die Entspannungsübungen helfen, darauf, dass eine schlechte Note kein Weltuntergang ist, darauf, dass Mama und Papa versprochen haben, nicht zu schimpfen etc.

    Aber nicht nur vor, sondern auch nach Bekanntwerden der Note zeigen ängstliche Kinder häufig ungünstige Gedanken: wenn die Note gut ist, glauben sie, dass es nur Zufall ist, wenn die Note schlecht war, glauben sie, dass es ihr persönliches Versagen war. Bestärken Sie Ihr Kind dann z.B. mit folgenden „guten Gedanken":
    – bei Erfolg: „Das war kein Zufall, sondern ich habe mich angestrengt und gut gelernt. Ich habe bewiesen, dass ich auch gute Leistungen bringen kann. Ich kann stolz auf mich sein, Mama und Papa sind es auch, weil ich mich so angestrengt habe."

- bei Misserfolg: „Ich habe Pech gehabt, denn ich habe mich angestrengt, gelernt und mein bestes gegeben. Es ist traurig, dass es nicht geklappt hat, aber ich lasse mich nicht entmutigen. Mama und Papa trösten mich, denn sie wissen, wie sehr ich mich bemüht habe."

- **Geeignetes Lernverhalten entwickeln.** Regelmäßiges Üben in kleinen Portionen ist nicht nur effektiver, weil der Lernstoff besser im Gedächtnis bleibt, es gibt einem leistungsängstlichen Kind auch Sicherheit. Wie oben schon erwähnt, ist das kurzfristige Lernen am Tag vorher „Gift".

- **Richtig belohnen** (siehe Kapitel 7). Wenn Sie ein leistungsängstliches Kind haben, dass in Arbeiten tatsächlich oft schlechtere Noten bringt, als eigentlich zu erwarten wäre, sollten Sie sich davor hüten, für die erbrachten Noten Belohnungen zu vergeben („Wenn du eine 2 schreibst, gibt es 5 Euro"). Das ist natürlich extrem frustrierend für Ihr Kind und vermittelt ihm, dass für seine Eltern nur gute Noten zählen, die es nun aber eben nicht erbringen kann – ein Teufelskreis, denn dies verstärkt die Prüfungsangst! Belohnen Sie stattdessen die Anstrengungen Ihres Kindes: seine Vorbereitung, seinen Mut, seine durchgeführten Entspannungsübungen etc. („Wir sehen, wie sehr du Dich bemühst, dafür gibt es auf jeden Fall eine kleine Belohnung, egal, wie die Note sein wird. Mach Dir wegen der Note keine Sorgen.")

- **Stärken betonen** (siehe Kapitel 7). Leistungsängstliche Kinder haben ein negatives Bild von sich selbst, weil sie häufig Misserfolge haben. Das Augenmerk des Kindes sollte deshalb auch gezielt auf seine Stärken gerichtet werden. Dazu nachfolgende Übung: Mutter, Vater und Kind selbst füllen jeder für sich die jeweilige Spalte aus (Vorlage dazu auf DIN A4-Blatt übertragen und zerschneiden). Der ausgefüllte Zettel wird dann gemeinsam besprochen (besonders wichtig, wenn das Kind nur wenige Dinge für sich selbst gefunden hat) und über dem Bett aufgehängt.

Mama mag an mir:	Papa mag an mir:	Ich mag an mir / ich kann gut:
….	….	….

4. Soziale Ängste und Unsicherheiten

Beiläufiges Lernen sozialer Fertigkeiten

Soziale Fertigkeiten können besonders gut *beiläufig* verbessert werden, das heißt, in alltäglichen sozialen Situationen inner- und außerhalb der Familie. Wenn Sie genau identifiziert haben, welche einzelnen sozialen Fertigkeiten bei Ihrem Kind noch nicht altersgemäß entwickelt sind (siehe Kapitel 3), sollten Sie eine dieser Fertigkeiten auswählen. Wählen Sie die Fertigkeit, bei der Sie Ihrem Kind am einfachsten helfen können und die für Ihr Kind am einfachsten zu verbessern ist (z.B. lauter sprechen).

Erstellen Sie nun gemeinsam mit Ihrem Kind einen entsprechenden Punkteplan. Erklären Sie Ihrem Kind ausführlich, welches Verhalten Sie von ihm erwarten; vereinbaren Sie ein Zeichen (aufmunterndes Nicken, kleine Geste), womit Sie Ihr Kind in entsprechenden Situationen an das Zielverhalten erinnern. Keinesfalls sollten Sie Ihr Kind durch laute, „oberlehrerhafte" Anweisungen vor anderen bloßstellen. Loben Sie Ihr Kind sofort für seine Anstrengungen (Lächeln, leises Lob) und abends noch einmal ausführlich. Nach dem Lob können Sie auch besprechen, was man gemeinsam noch besser machen könnte.

> Beispiel:
>
> Luis hat Schwierigkeiten, anderen Personen (Erwachsene und Kinder) beim Sprechen in die Augen zu schauen (Blickkontakt zu halten). Die erste Woche ist das Ziel im Punkteplan, dass Luis seine Eltern und Geschwister anschaut, was ihm nicht schwer fällt. Als „Erinnerungszeichen" sagt seine Mutter seinen Namen und blinzelt ihm dann zu. In der zweiten Woche soll er das Blickkontakthalten bei Besuchern üben. Er strengt sich sehr an und freut sich über das Lob seiner Eltern. Sein Vater ermuntert ihn, auch in der Schule besser Blickkontakt zu halten; die Lehrerin wird von den Eltern über die Übung informiert und unterstützt Luis dezent, aber sehr hilfreich.

Schlechte Gedanken vertreiben, gute Gedanken finden

Bei sozialen Ängsten spielen irrationale Gedanken eine große Rollen (diese haben wir Ihnen als Denkfehler in Kapitel 4 beschrieben, Veränderungsmöglichkeiten siehe Kapitel 8). Die Kinder machen sich permanent (unbewusst!) Gedanken darüber, was sie alles falsch machen könnten, dass andere ihre Fehler bemerken und sie deshalb blöd finden. Diese negativen Gedanken kommen vor, in und nach der sozialen Situation vor. Einige Beispiele:

Zeitpunkt	typische schlechte Gedanken bei sozial ängstlichen Kindern	mögliche gute Gedanken
vorher	„Ich weiß nicht, was ich sagen soll." „Keiner will mit mir spielen." „Ich will da gar nicht hin." „Ich kenne doch gar keinen." „Woher soll ich wissen, was ich zu tun habe?"	„Es ist ganz normal, dass man sich ein bisschen Sorgen macht bei neuen Dingen." „Mir wird schon etwas einfallen, was ich sagen könnte, wenn auch nicht gleich. Das ist nicht schlimm." „Mal gucken, ob ich nicht ein Kind ansprechen kann." „Ich denke daran, dass es ganz schön werden könnte."
während	„Keiner spricht mich an, also will auch keiner mit mir spielen." „Die anderen können alles viel besser als ich." „Da hinten der lacht jetzt bestimmt über mich." „Ich will lieber heim."	„Wenn mich keiner anspricht, muss ich eben den Anfang machen." „Wenn andere lachen, ist das nicht böse gemeint." „Ich kann auch viele Dinge schon gut." „Ich merke, dass es mir doch ganz gut gefällt."
nachher	„Ich habe wieder keinen Freund gefunden." „Wie immer habe ich allein gespielt." „Hoffentlich muss ich da nie mehr hin." „Warum bin ich so komisch?"	„Immerhin war ich mutig und bin hingegangen, obwohl ich erst gar nicht wollte!" „Ich habe gemerkt, dass mir einige Sachen gut gefallen haben. Das hätte ich sonst verpasst." „Ich bin weiterhin mutig."

Solche Gedankentechniken können auch bei Kindern sehr hilfreich sein, *Angst vor Neuem* haben, also wenn etwas auf sie zukommt, was sie noch nicht kennen (z.B. Schulausflug, neue Gruppe, erste Busfahrt, neue Lehrerin etc.). Lassen Sie sich die neue Situation genau beschreiben von Ihrem Kind. Dann erarbeiten Sie gemeinsam:

Was befürchte ich?	Was könnte schön / aufregend / interessant werden?
....	....

Überlegen Sie außerdem, wie das Kind sich gefühlt hat, wenn es zuvor solche für es schwierigen Situationen bewältigt hatte (Stolz, Freude, „war dann doch schön"). Wenn Ihr Kind noch jünger ist oder sich schwer tut, können Sie auch sein Lieblingskuscheltier einsetzen („Meinst du, dein Teddy würde gehen? Wovor hätte er wohl Angst? Was würde ihm wohl gefallen?"). Sprechen Sie die neue Situation dann genau Schritt für Schritt durch („Was würdest du tun?"). Wichtig: Vermitteln

Sie Ihrem Kind, dass Fehler erlaubt sind, dass sie ein Zeichen von Mut sind und man auch gut drüber lachen und sie einfach korrigieren kann[7]. Geben Sie Ihrem Kind einen Mutspruch mit auf den Weg, den es sich innerlich aufsagen soll (oder vom Zettel ablesen, wenn es ihn vor Aufregung vergisst.)

Weitere Techniken gegen soziale Ängste
- *Gefühle richtig erkennen und ausdrücken* (siehe Kapitel 8). Sozial unsichere und ängstliche Kinder haben häufig Schwierigkeiten, Gefühle bei anderen richtig wahrzunehmen und selbst angemessen auszudrücken. Das sind aber entscheidende Fertigkeiten für den Umgang mit anderen Menschen.
- *Entspannung* (siehe Kapitel 8). Wenn Ihr Kind sich vor einer neuen Situation ängstigt, Sorgen macht und nervös ist, kann eine Entspannungsübung ihm helfen, ruhiger zu werden.
- *Stärken betonen* (siehe Kapitel 7). Notieren Sie zusammen mit Ihrem Kind nach bewältigten sozialen Situationen ausdrücklich, was es alles schon gut gemacht hat (z.B. mit einem Kind gesprochen, anderen in die Augen gesehen, mit einem Kind gespielt, laut genug gesprochen etc.). Denken Sie dabei an das Prinzip der kleinen Schritte – es ist noch keine Meister vom Himmel gefallen! Vergleichen Sie Ihr Kind auch nicht mit Geschwistern oder Gleichaltrigen. Das Herausfiltern von Stärken schützt auch vor der Entwicklung abwertender Gedanken.

Sie sind Modell für Ihr Kind
Denken Sie daran: Sie sind das wichtigste Vorbild für Ihr Kind, was die Art des Sozialverhaltens angeht. Ihre Werte, Befürchtungen, Ängste oder Aggressionen spiegeln sich häufig bei Ihrem Kind wider.
Sie können Ihr Kind explizit ermuntern, Sie in sozialen Situationen zu beobachten (z.B. wie gibt man beim Einkaufen eine Bestellung auf, wie telefoniert man angemessen, wie behandele ich Gäste etc.). Insbesondere mit älteren Schulkindern kann man in einer ruhigen Minute besprechen, welche Verhaltensweisen wichtig waren und warum (z.B. Gäste begrüßt man freundlich, man nimmt ihnen die Jacken ab, fordert sie auf, sich zu setzen, bietet ihnen etwas zu trinken an und man erkundigt sich, wie es ihnen geht). So kann Ihr Kind auch komplexere soziale Abläufe (eine Art „soziale Drehbücher") lernen bzw. verbes-

---

[7] modifiziert nach Dacey, J.S. & Fiore, L.B. (2002). Your anxious child. San Francisco: John Wiley.

sern. Dabei ist aber wichtig, dass Sie nicht das perfekte Modell sind, das entmutigt Ihr Kind nur – vermitteln Sie ihm vielmehr, dass jedem „Fehler" und Ungeschicklichkeiten in sozialen Situationen unterlaufen, dies aber kein Beinbruch, sondern eher sympathisch ist!

5. Überängstlichkeit

Bei Überängstlichkeit (generalisierter Angststörung) ist in jedem Fall professionelle Hilfe nötig.
Überängstliche Kinder leiden meist auch unter den anderen genannten Ängsten wie Phobien, Leistungs- und sozialen Ängsten sowie körperlichen Symptomen. Wir raten Ihnen, gemeinsam mit Ihrem Kind eine Art Sorgensammlung zu machen. Dafür eignet sich z.B. der sogenannte Sorgensack (Vorlage im Anhang): in ihn soll das Kind all seine Sorgen hineinstecken, die drei größten soll es rot unterstreichen.
Sie können jetzt schauen, welche dieser Sorgen zu welchen Angstarten passen und in den Abschnitten entsprechende Übungen auswählen.

6. Körperliche Symptome bei Angststörungen

Gründliche ärztliche Abklärung

An erster Stelle steht eine gründliche ärztliche Abklärung, damit ausgeschlossen werden kann, dass körperliche Ursachen für die Beschwerden bestehen. Zu einer solchen Untersuchung gehören: Blutbild, Elektrolyte, Kreatinin-Kinase, Urineiweiß und -zucker, Leberwerte im Serum (OT, PT, LOH usw.), TSH und freies Thyroxin.

Genaue Beobachtung

Bei körperlichen Beschwerden ist eine genaue Beobachtung unerlässlich. Dazu können Ihnen folgende Leitfragen dienen:

- Wann sind die Beschwerden das erste Mal aufgetreten? Gab es zu diesem Zeitpunkt außergewöhnliche Belastungen oder Ereignisse im Leben des Kindes (z.B. anstehender oder erfolgter Schulwechsel, Erkrankung eines Elternteils, Umzug, Trennung der Eltern, Wegzug eines Freundes o.ä.)?

- Gibt es Schwankungen in der Erscheinungsform der Beschwerden (Schwankungen über Monate, Wochen und/oder über den Tag)?

Gab es Zeiten, wo die Beschwerden besonders stark oder gar nicht auftraten; wenn ja, welche Zeiten waren dies?
- Gehen die körperlichen Beschwerden mit anderen Ängsten oder Sorgen bei Ihrem Kind einher? Wenn ja, mit welchen?

Manche Fragen sind schwierig; es kann deshalb sinnvoll sein, mit Beobachtungsprotokollen zu arbeiten. Dazu eignet sich ein Kalender mit Uhrzeit, auf dem Sie gemeinsam mit Ihrem Kind jeden Abend Folgendes eintragen: Zeit des Auftretens der Beschwerden, Stärke (1 = etwas, 3 = mittel, 5 = sehr stark), Stimmung/Gefühle davor, Gedanken davor. Beispiel:

Di, 20.1.	Beschwerden	Stärke	Stimmung	Gedanken
7.00	Bauchweh	4	Angst wegen Klassenarbeit	Hoffentlich wird es keine 5, hoffentlich habe ich genug gelernt
8.00	Bauchweh	4	-/-	-/-
9.00	Bauchweh	2	-/-	Endlich vorbei
10.00	-			
11.00	-			

Sie müssen damit rechnen, dass es Ihrem Kind am Anfang schwer fällt, Stimmung und Gedanken zu beschreiben; ist dies der Fall, so ergänzen Sie vorsichtig, was Sie beobachtet haben („Ich hatte den Eindruck, du hast Dir heute morgen Sorgen gemacht wegen der schweren Klassenarbeit in Mathe").

Stress als Ursache für körperliche Beschwerden

Schon Kinder können verstehen, dass Stress in der Schule oder zuhause zu körperlichen Beschwerden führen kann. Man kann ihnen dies an einfachen Beispielen verdeutlichen („Du weißt doch, immer wenn mir alles zu viel ist, kriege ich Kopfschmerzen", „Wenn der Papa so viel arbeiten muss, hat er oft Rückenschmerzen"). Wenn man die Beobachtungsbögen gewissenhaft ausfüllt, lassen sich solche Zusammenhänge auch daraus ableiten („Siehst du, wenn du Ferien hast, ist das Bauchweh weg.").

Als Verdeutlichung lässt sich das folgende Modell benutzen (für ältere Grundschulkinder):

Stress ⇩	Wie sieht mein Stress aus? Habe ich Stress in der Schule? Oder zuhause? Oder mit meinen Freunden?
Sorgen/ Angst ⇩	Worüber mache ich mir Sorgen? Habe ich Angst zu versagen, etwas nicht zu schaffen?
Körperliche Anspannung ⇩	Der Körper spannt sich an, ohne dass man es merkt. Zuviel Anspannung aber führt zu...
Schmerzen!	... Schmerzen. Welche Schmerzen oder Beschwerden habe ich? Im Kopf, im Bauch? Bin ich immer müde und kraftlos?

Stress reduzieren!

Aus diesem Modell leitet sich auch ab, welche Maßnahmen man gegen die Schmerzen treffen kann:

- Stress reduzieren: Inwieweit können Sie Ihrem Kind helfen, äußerliche Stressfaktoren zu verringern (in der Schule, zuhause, mit Freunden)? Dazu eignen sich auch Maßnahmen, die unter dem Abschnitt „Schul- und Leistungsängste" beschrieben sind. Überprüfen Sie auch Ihre eigenen Erwartungen an Ihr Kind!
- Sorgen bearbeiten: Schlechte Gedanken können in gute umgewandelt werden (siehe Kapitel 8), Mutmachsprüche können hilfreich sein.
- Körperliche Anspannung reduzieren: Dazu eignen sich vor allem Entspannungsübungen und sportliche Aktivitäten. Sport ist bei körperlichen Beschwerden besonders wichtig; lassen Sie Ihrem Kind kein „Schonverhalten" angedeihen.

Richtig belohnen!

Der Umgang mit den oben genannten körperlichen Beschwerden des Kindes bedeutet für Eltern eine Gratwanderung: auf der einen Seite leidet das Kind – und dieses Leid muss man auch ernstnehmen. Auf der anderen Seite läuft man unabsichtlich Gefahr, die Beschwerden des Kindes zu sehr zu „versüßen": mit viel Extrazuwendung, Streicheleinheiten, Bekochtwerden, leckeren Tees, zu-Hause-bleiben-dürfen ...

Das heißt, das Kind lernt: wenn es mir schlecht geht, kümmern sich Mama und Papa besonders um mich, da spielen sie mit mir usw. Natürlich müssen Sie sich um Ihr Kind kümmern, aber vereinbaren Sie klare Regeln vor allem dann, wenn Ihr Kind aus der Schule zuhause bleibt wegen diffuser Kopf- oder Bauchschmerzen: kein Computer oder Fernsehen, keine Spiele, keine Kuschelorgien. Wenn es zuhause allzu schön und bequem ist, geht man umso weniger gern wieder in die Schule!

Man kann auch hier einen Punkteplan einsetzen, indem man das Kind für Tapferkeit belohnt: einen Punkt gibt es, wenn das Kind sich überwindet, trotz seiner Beschwerden in die Schule zu gehen.

(Bitte beachten Sie, dass all dies natürlich nicht bei ernsten Erkrankungen Ihres Kindes gilt.)

10. Kinderteil

1. Was ist Angst?

Jeder hat Angst, die Mama, der Papa, deine Lehrerin, dein Lehrer, der Nachbar gegenüber...
Nein, das glaubst du uns nicht?
Auch wenn es schwer vorstellbar ist, es stimmt! Frage doch einfach mal deine Mama, deinen Papa oder Oma und Opa, was sie für Ängste hatten, als sie in deinem Alter waren. Vielleicht kommt sogar heraus, dass sie ähnliche Ängste wie du hatten/haben!

Ängste sind ganz normal und weisen dich auf eine Gefahr hin. Ängste sind wie Stoppschilder, sie sagen uns: „Hier muss ich aufpassen!" Wenn z. B. ein Auto auf der Straße auf dich zukommt, ist es gut, wenn du dich in Sicherheit bringst. Oder wenn dich ein fremder Mensch anspricht, ist es gut, wenn du ihm nicht folgst.

Wenn ein Mensch Angst hat, bekommt er besondere Kräfte. Er wird unruhig und kann dann zum Beispiel viel schneller rennen als sonst. Als wir Menschen noch in Höhlen lebten, war das lebenswichtig, denn nur durch diese besonderen Kräfte, die durch die Angst entstehen, konnten viele ihr Leben retten.

Wenn ein Mensch Angst hat, kann Folgendes im Körper passieren (Schaubild auf S. 106):

- man wird unruhig
- der Atem geht schneller
- die Augen weiten sich
- das Herz rast
- man hat Schweißausbrüche
- man kriegt schlecht Luft
- es wird einem ganz heiß oder kalt
- man kriegt weiche Knie
- man zittert am ganzen Körper
- man macht (fast) in die Hose
- man hat besondere Gedanken (z.B. ich schaffe es nicht)

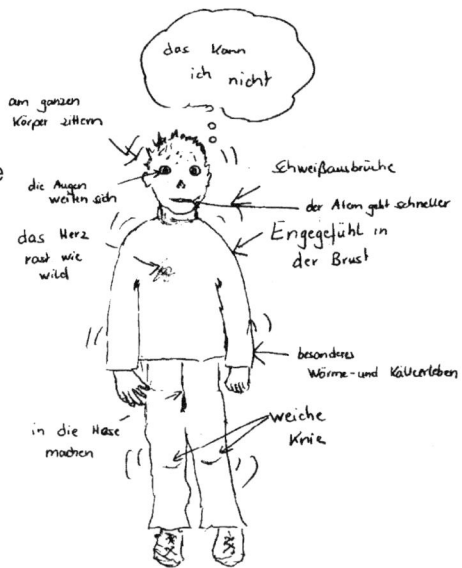

Du kannst selber malen, wie du aussiehst, wenn du Angst hast. Male auf das Männchen im Anhang (S. 138), wie du aussiehst, wenn du Angst hast. Als Hilfe kannst du dein Gesicht im Spiegel anschauen: denke an etwas, was dir Angst macht und beobachte deine Augen, deinen Mund, deine Augenbrauen. Du kannst auch Mama oder Papa bitten, dir dabei zu helfen. Die Übung fällt dir jetzt bestimmt leichter.

2. Welche Ängste gibt es eigentlich?

Die Angst hat zu große Macht über dich gewonnen. Jetzt musst du wie Harry Potter versuchen, gegen deine Ängste anzukämpfen. Zunächst wollen wir dir zeigen, was es für verschiedene Arten von Ängsten gibt. Vielleicht kennst du dich gut mit Bäumen aus. Hier gibt es auch viele verschiedene Arten von Bäumen wie Tanne, Kiefer, Buche, Eiche usw. Wenn du gegen deine Angst ankämpfen willst, musst du erstmal deine Art von Angst kennen. Nur so kannst du sie besiegen.

2.1 Phobien

Phobie ist ein schwieriges Wort. Es bedeutet, dass ein Kind vor Hunden, Spritzen, Spinnen, Gewittern, Dunkelheit, Geräuschen ... Angst hat, obwohl die Gegenstände, Lebewesen oder Situationen meist völlig ungefährlich sind. Falls du Phobien haben solltest, wirst du uns jetzt noch nicht zustimmen können, sondern dir könnte beim Lesen schon ganz mulmig werden. Das hat einen Grund, **denn sobald du an deine Angst denkst,** bekommst du es schon mit der Angst zu tun.

Philipp und Arthur
Philipp ist acht Jahre alt und besucht die 3. Klasse. Wenn er zur Schule geht, macht er immer einen Umweg. Er muss deshalb jeden morgen 10 Minuten früher aus dem Haus. Seiner Mama erzählt er, dass er Tafelwischdienst hätte. Der Grund für seinen Umweg ist Arthur, der Hund des Nachbarn. Er hat ihn vor sechs Wochen in sein Bein gebissen. Es hat fürchterlich geblutet. Mama sagte: „Das ist doch nicht so schlimm, du bist doch schon ein großer Junge!", aber Philipp ist furchtbar erschrocken. Immer wenn er an Arthur oder andere Hunde denkt, bekommt er schlimmes Herzklopfen und er zittert am ganzen Körper. Er denkt: „Ich werde wieder gebissen". Weil die Angst so groß ist, merkt er sich jedes Haus, in dem ein Hund lebt. An diesen Häusern läuft er lieber nicht mehr vorbei...

2.2 Trennungsangst

Trennungsangst bedeutet (wie der Name schon sagt): Angst vor Trennungen haben. In der Kindergartenzeit sind solche Ängste ganz normal. Viele Kinder wissen nicht genau, ob die Mama wiederkommt und haben Angst davor, dass sie nicht wiederkommt, oder dass der Mama etwas passiert, wenn sie weg ist. Allerdings machen sich die meisten Kinder nach einer gewissen Zeit keine Sorgen mehr, weil sie erleben, dass die Mama tatsächlich wiederkommt und ihre Angst nicht begründet ist. Manche Kinder, vielleicht ja auch du, haben auch noch in der Schule Angst, dass die Mama nicht mehr da ist, wenn sie aus der Schule kommen. Deshalb sind die Kinder traurig und wollen sich nicht trennen. Manchmal verstecken Kinder ihre Traurigkeit und reagieren wütend und schimpfen. Viele Kinder wollen deshalb nicht in die Schule, den Sportverein, Freunde besuchen ...

Kleine Geschichte von Teresa:
Teresa ist 9 Jahre alt und sie macht sich Sorgen, dass ihrer lieben Mama etwas Schlimmes zustoßen könnte.
Die Mama könnte beim Autofahren einen Unfall bauen oder, oder, oder ...
Sobald die Mama weg ist, kommen diese Gedanken in ihren Kopf und sie kann sich auf nichts anderes konzentrieren.
Wenn die Mama dann wiederkommt, möchte Teresa ihrer Mama ganz nahe sein und sie nicht mehr weg lassen.
Meist weint Teresa ganz arg. Aber die bösen Gedanken gehen davon nicht weg, sondern werden größer und größer.

2.3 Schul- und Leistungsängste

Das Thema Schule ist dir sehr wichtig?
Das ist gut. Gut ist es jedoch nicht, wenn du zuviel Ängste vor der Schule hast.
Schule ist ein weiter Begriff, lass uns näher hinterfragen, vor was du genau Angst hast. Du könntest Angst vor Proben (Klassenarbeiten), bestimmten Lehrern, anderen Kindern, Angst alleine zu sein, dir ist vieles zu schwer .... haben. Falls du Angst vor Proben haben solltest, nennt der Fachmann dies Prüfungsängstlichkeit.

2.3.1 Angst vor Prüfungen

Kinder, die Angst vor Proben, Abfragen zeigen, wollen gut in der Schule sein.
Schon Tage vor der Probe bekommen sie Angst. Viele denken: „Das schaffe ich nicht!" und „Andere sind besser als ich!". Auch befürchten sie, dass Eltern oder Freunde schlecht über sie denken und sie vielleicht nicht mehr mögen, wenn sie schlechte Leistungen bringen. Sie

bekommen Herzklopfen, werden unruhig.... Wir denken, du selbst kannst genau beschreiben, wo du in deinem Körper die Angst fühlst.

2.3.2 Schwierigkeiten mit dem Lernen

Vielleicht hast du den Begriff „Überforderung" schon gehört, als dein Lehrer oder deine Eltern über dich sprachen. Viele Kinder denken sofort, dass sie nicht schlau genug seien. Tatsächlich ist es so, dass man unterschiedlich schlau sein kann: manche Kinder sind besonders schlau in der Schule, manche sind besonders schlau beim Fußball, manche sind besonders schlau beim Malen. Meist ist es so, dass der Schulpsychologe oder Kinder- und Jugendpsychiater durch besondere Spiele herausfinden können, warum dir das Lernen nicht so leicht wie anderen Kindern fällt. Sie können dir durch Lernübungen helfen, dass du mehr Erfolge in der Schule hast.

2.4 Soziale Ängste und Unsicherheiten

Ein kleiner Fragentest für dich:

Frage	stimmt	stimmt nicht
Machst du dir viele Gedanken darüber, was andere von dir denken?		
Hast du oft das Gefühl, etwas falsch gemacht zu haben?		
Bist du dir unsicher, ob du alles richtig gemacht hast?		
Achtest du sehr auf dein eigenes Sprechen und Benehmen?		
Hast du Angst, dich vor anderen lächerlich zu machen?		
Fällt es dir schwer, vor Personen, die du nicht kennst, zu sprechen?		

Frage	stimmt	stimmt nicht
Kommt es vor, dass du im Gesicht errötest und sehr leise sprichst?		
Fühlst du dich zuhause sicherer als an anderen Orten?		
Meidest du Situationen (Sportvereine, Kindertreffen, Spielplätze), wo du auf viele Leute triffst?		

Wenn du ca. 6 von diesen Fragen mit ja beantwortet hast, bist du unsicherer als andere Kinder und traust dir weniger zu. Nur Mut, bald kannst du jedem zeigen, was in dir steckt.

Kleine Geschichte von Till

Till geht nicht so gerne in die Schule. Wenn er sich meldet, reden Sofie und Jenny hinter seinem Rücken. Bestimmt lästern sie über ihn oder denken, dass er doof sei. Eigentlich mag er sich überhaupt nicht mehr gern melden, obwohl die Lehrerin ihn lobt und seine Noten gut sind.

Immer wenn jemand in der Pause, in der Klasse oder beim Kinderturnen hinter seinem Rücken tuschelt, ist Till davon überzeugt, dass sie sich über ihn lustig machen. Er ist ganz schön traurig und findet die anderen schrecklich gemein.

2.5 Überängstlichkeit

Fallen dir sehr viele Dinge ein, vor denen du Angst hast, dann bist du wohl „überängstlich". Hast also mehr Angst vor der Schule, vor möglichen Gefahren und Katastrophen, vor Krankheiten, geschimpft zu werden ... als andere Kinder. Du machst dir eigentlich ständig Sorgen um viele Dinge in deinem Leben, weil du besonders viel nachdenkst.

Häufig fühlen sich diese überängstlichen Kinder müde, leiden unter Bauchschmerzen, können schlecht schlafen und sich nicht ausreichend konzentrieren. Dadurch gelingt es ihnen selten, gute Freunde zu bekommen und in der Schule gut zu sein.

Kleine Geschichte von Michael

Michael geht in die 4. Klasse und es gibt nur wenige Sachen, die ihm wirklich Freude machen. Ständig kommen Gedanken in seinen Kopf:

Du lernst zu wenig und bekommst schlechte Noten ...
Mama könnte eine schlimme Krankheit kriegen ...
Die Lampe könnte von der Decke fallen ...
Ein Erdbeben wird zu uns kommen ...
Das Auto kann mich überfahren ...
Warum müssen Menschen sterben ...
Der Lehrer schreit mich an ...
Damit er ja nicht auffällt und ihn bloß keiner anspricht, ist er immer wachsam und meist still. Er hat oft ganz schlimme Bauchschmerzen. Der Arzt konnte allerdings nichts feststellen.

2.6 Ängste, die sich im Körper verstecken

Leidest du oft unter Bauch- oder Kopfschmerzen und Übelkeit? Kannst du schlechter schlafen als andere oder machst du nachts plötzlich wieder ins Bett? Warst du schon beim Kinderarzt, ohne dass er dir helfen konnte? Dann kannst du deine Angst als „körperliche Ängste" bezeichnen.

Kleine Geschichte von John
Weißt du eigentlich, wie schlimm es ist, ständig Schmerzen zu haben? John hat so schlimme Bauchschmerzen, dass er nicht mehr spielen kann. Selbst seine Tigerentenwärmflasche kann ihn nicht trösten.
In den Ferien geht es John deutlich besser. Dann unternimmt er mit seiner Cousine Valerie schöne Picknicke. Aber sobald sich die Ferien dem Ende entgegen neigen, kommen diese doofen Schmerzen wieder. John ist sehr traurig darüber und weint sogar manchmal. Vor allem hat er das Gefühl, in der Schule den Stoff nicht mehr zu verstehen.

3. Wichtige Gefühle des Menschen

Jetzt wird es Zeit, sich erst einmal auf andere Gefühle als die Angst zu konzentrieren.
Vergesse nie, ein Leben ohne Angst gibt es nicht. Angst ist wichtig und hilft uns Gefahren zu erkennen.

Neben der Angst gibt es aber noch viele andere Gefühle wie traurig, fröhlich, wütend, verwirrt, hungrig, überrascht, enttäuscht, entspannt...

Kleines Spiel:
Verbinde die entgegengesetzten Gefühle z. B. verliebt – verhasst

1. verliebt	peinlich .... E
2. müde	krank .... S
3. unsicher	wach L
4. stolz	stark L
5. gesund	cool .... A
6. glücklich	verhasst .... A
7. schwach	ängstlich .... R
8. schüchtern	zufrieden .... !
9. mutig	sicher L
10. sauer	traurig .... K

$\overline{}\ \overline{}\ \overline{}\ \overline{}\ \overline{}\ \ \ \overline{}\ \overline{}\ \overline{}\ \overline{}\ \overline{}$
1 2 3 4 5   6 7 8 9 10

War die Übung leicht für dich?
Sicher musstest du mehrmals überlegen, was das für ein Gefühl ist und wann du das letzte Mal dieses Gefühl erlebt hast.
In den nächsten Übungen wollen wir uns vor allem mit den Gefühlen glücklich, traurig und wütend beschäftigen.

3.1 Glücklich

Male auf das Männchen im Anhang (S. 138), wie du aussiehst, wenn du glücklich bist. Als Hilfe kannst du dein Gesicht im Spiegel anschauen: denke an etwas schönes und beobachte deine Augen, deinen Mund, deine Augenbrauen. Du kannst auch Mama oder Papa bitten, dir dabei zu helfen.
Schreibe dazu, wann du glücklich bist:

Ich war in dieser Woche glücklich, als........
1._____
2._____
3._____

Mache dasselbe jetzt für die folgenden drei Gefühle:

3.2 Traurig

Male auf das Männchen, wie du aussiehst, wenn du traurig bist.
Schreibe dazu, wann du traurig bist:

Ich war in dieser Woche traurig, als.......
1._____
2._____
3._____

3.3 Wütend

Male auf das Männchen, wie du aussiehst, wenn du wütend bist.
Schreibe dazu, wann du wütend bist:

Ich war in dieser Woche traurig, als.......
1._____
2._____
3._____

Übrigens kann man Gefühle nicht nur im Gesicht erkennen, sondern auch am *Tonfall* (z.B. schreien, wenn man wütend ist) und an der *Körperhaltung* (z.B. Kopf hängen lassen, wenn man traurig ist). Am besten interviewst du dazu einmal deine Eltern, ob ihr noch mehr Beispiele findet!

4. Was kann ich tun, um mutiger zu werden?

Bevor wir uns fragen, wie wir gemeinsam gegen deine Angst ankämpfen und dich mutiger machen können, solltest du überlegen, wer du bist, was du gut und nicht so gut kannst und was du gerne verändern möchtest.

4.1 Ich bin ich ... und ich kann schon eine Menge!

Ich heiße: ....
Mein Alter: ....
Meine Geschwister heißen: ....
Mein Lieblingsessen: ....
Mein besonderes Kennzeichen: ....
Meine Hobbies: ....

Lobliste

Deine Gedanken kreisen sicher oft darum, was du nicht kannst. Deshalb ist es gut, sich selbst zu loben. Manchmal ist es etwas komisch, sich selbst zu loben, deshalb kann dir vielleicht deine Mama helfen.
Heute habe ich toll geschafft (Beispiele):

Tag	Heute habe ich toll geschafft:	Ich lobe mich dafür:
Montag	meine Hausaufgaben schnell zu erledigen meine Freundin anzurufen	Ich bin ganz toll! Ich bin mutig!
Dienstag	meine Mama beim Sprechen anzuschauen nicht geweint, als ich in den Sportverein musste	War gar nicht schwer! Ich fühle mich richtig stark!

Vielleicht kannst du dir schon eine eigene Lobliste anlegen:

Tag	Heute habe ich toll geschafft:	Ich lobe mich dafür:
Montag		
Dienstag		
Mittwoch		
Donnerstag		
Freitag		
Samstag		
Sonntag		

Wichtig ist, dass Mama und Papa dich auch loben für das, was du gut kannst!

4.2 Angstthermometer

Sicherlich ist dir „Thermometer" ein Begriff. Es gibt das Fieberthermometer, das Wetterthermometer und das Angstthermometer.
Alle Thermometer besitzen die Eigenschaft, etwas exakt messen zu können. Wahrscheinlich hattest du schon einmal Fieber und deine Mutter benutzte das Fieberthermometer, um genau ablesen zu können, wie hoch dein Fieber ist.

Überlege dir nochmal ein Thema, vor dem du Angst hast. Das ist eine besonders schwierige Übung. Falls du meinst, es nicht alleine zu schaffen, frage jemanden, den du gern hast, ob er dir hilft.
Im Anhang findest du ein großes Thermometer, das du jetzt benutzen kannst. Ganz oben trägst du ein, vor was du am meisten Angst hast (bei 100).
Ganz unten, wovor du am wenigsten Angst hast (bei 10).
Dazwischen kannst du drei Steigerungsstufen der Angst einbauen.
Und so schnell weißt du, was deine erste Aufgabe sein soll, nämlich dich der Situation nähern, vor der du am wenigsten Angst hast. Erst wenn du keine Angst mehr davor zeigst, gehe zur nächst schwierigeren über.
Aber soweit sind wir doch noch nicht. Vorher gibt es noch weitere Tricks, die bösen Mächte der Angst zu besiegen.

4.3 Wolkengedanken und Sonnengedanken

Wolkengedanken trüben unsere Laune, alles wird grau und dunkel und es ist kaum mehr Licht zu sehen.

Wolkengedanken, also schlechte Gedanken können sein:

- keiner mag mich
- ich bin zu dumm
- alle sind doof
- immer ich
- ich bin ganz allein

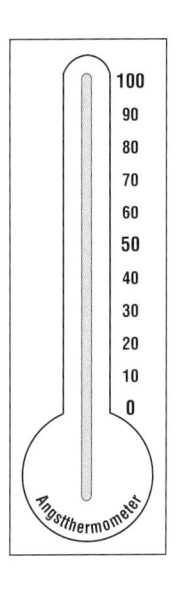

- ich werde es nicht schaffen
- ich mache alles falsch

Sicherlich sind dir einige Gedanken bekannt und wenn du dich in Zukunft beobachten wirst, kannst du feststellen, dass du bei Wolkengedanken noch viel trauriger und ängstlicher wirst.

Bei **Sonnengedanken** erstrahlt die Welt in neuen Farben. Du fühlst eine angenehme Wärme und Probleme und Ängste werden kleiner und kleiner.
Sonnengedanken zu finden, ist am Anfang nicht leicht. Also sei nicht traurig, wenn es nicht sofort klappt. Auch Erwachsene tun sich damit schwer.

Beispiele für Wolkengedanken	Beispiele für Sonnengedanken
keiner mag mich	Peter mag mich vielleicht nicht, aber Rudi mag mich sehr wohl
ich bin zu dumm	keiner kann alles können, Übung macht den Meister
alle sind doof	der eine Junge ist doof, die andern sind eigentlich ganz nett
ich bin ganz allein	ich suche mir Gesellschaft
ich werde es nicht schaffen	mit Ruhe, einem guten Plan und kleinen Schritten komme ich an mein Ziel
ich mache alles falsch	Ich schaffe das schon! Manche Dinge kann ich noch nicht so gut, aber vieles kann ich schon prima!

Überlege dir mit deinen Eltern, welche Wolkengedanken dir das Leben schwer machen und versuche, sie in für dich passende Sonnengedanken umzuändern.

Beispiele für Wolkengedanken	Beispiele für Sonnengedanken

Du kannst dir ja eine eigene Liste machen, wenn du noch Platz brauchst.

4.4 Spezielle Tricks

- **An etwas anderes denken**

Wenn du merkst, dass du Angst bekommst, versuche zum einen, Sonnengedanken zu finden. Es kann auch helfen, an etwas ganz anderes zu denken.

Was passiert:	Wolkengedanken	Sonnengedanken	Ablenkungsgedanken
du siehst am Boden eine Spinne	die Spinne will mich fressen	die Spinne interessiert sich gar nicht für mich	Ich überlege, wann ich das letzte Mal im Zoo war...

- **Wenn ich Angst habe, mache ich etwas völlig anderes (singen, springen, entspannen ...)**

Ich habe Angst vor:	Jetzt mache ich Folgendes:
Gewitter kommt	Spiele mit meiner Schwester unser Lieblingsspiel

- **Übung macht den Meister**

Manche lernen schneller, manche lernen langsamer. Egal zu welchen du gehörst, du wirst üben müssen, um die Angst zu besiegen. Nur in ganz seltenen Fällen gelingt es den Menschen auf Anhieb, ohne Stützräder fahren zu können, oder zu schwimmen, oder mit Messer und Gabel zu essen, und und und ...
Dazu gehört eine grooooße Portion Ausdauer!

- **Die Angst verschwindet sowieso nach einer gewissen Zeit, stelle dich deiner Angst!**

Das wissen nur ganz wenige Menschen, denn die meisten warten nicht so lange ab, bis die Angst vergeht.
Wenn z.B. ein Mensch Angst vor Spinnen hat, muss er sie ganz lange anschauen und plötzlich geht die Angst weg.
Das glaubst du nicht?
Dann probiere es aber schnell mal aus!
Wichtig: Laufe nicht vor deiner Angst weg!!

- **Entspannungstechniken**

Wenn du gute Techniken zum Anspannen und Entspannen lernst, kannst du dich automatisch besser konzentrieren und du fühlst dich viel, viel stärker, wirst ruhiger und gelassener.

Es gibt verschiedene Möglichkeiten, das bewusste An- und Entspannen zu trainieren:
- Fantasiereisen
- Bauchatmung
- autogenes Training
- progressive Muskelentspannung

Viele Leute haben ihre guten Entspannungsideen in Büchern niedergeschrieben oder erzählen tolle Geschichten auf Kassetten. Im Anhang haben wir dir eine schöne Entspannungsgeschichte aufgeschrieben.

Gehe doch mal mit deiner Mama in einen Buchladen und schaue nach Entspannungsbüchern.

Damit du schon einmal einen kleinen Vorgeschmack bekommst:

Übe die Bauchatmung. Falls du in einer Situation Angst hast, kannst du deine eigenen schlechten Gedanken umlenken und nur auf deinen Bauch achten. Du wirst merken, wenn du folgende Übung öfter anwendest, wie ruhig, gelassen und stark du dich fühlst. Manchen Kinder fällt die Bauchatmung am Anfang nicht leicht und sie müssen sie einige Male üben. Aber wie du schon weißt: Übung macht den Meister und es ist noch kein Meister vom Himmel gefallen.

> *Berühre mit der Hand deinen Bauchnabel.*
> *Lege deine andere Hand auf die Mitte deine Brustkorbes.*
> *Spüre, ob sich auch dein Nabel bewegt. Wenn er das macht, atmest du richtig, wenn nicht, versuche so zu atmen, dass sich der Brustkorb und der Bauchnabel bewegen.*
> *Atme ruhig Luft in deinen Bauch und spüre mit deiner Hand die Luft in deinem Bauch. Jetzt ist es fast so, als ob dein Bauch ein Luftballon ist.*
> *Lasse dir beim Ausatmen Zeit. Zähle langsam bis drei, bis die Luft wieder aus deinem Bauch (Luftballon) weg geht.*

● **Täglicher „Mut-mach-Plan"**

Nur wer seine Ängste, Gefühle und Wolkengedanken kennt, kann sie besiegen und ist ihnen nicht hilflos ausgeliefert. Benutze nun dein Angstthermometer. Fange mit der kleinsten Angst an. Besprecche mit deiner Mutter, in welcher Situation du deinen Mut beweisen kannst. Gemeinsam füllt ihr dann den „Mut-mach-Plan" aus (im Anhang).

- **Miteinander sprechen**

Jeder Mensch ist einzigartig. Kein Mensch ist genauso wie ein anderer. Nicht mal bei Zwillingen, die mögen sich zwar äußerlich ähnlich sehen, denken und fühlen bestimmt aber nicht immer gleich. Manchmal gibt es auch Streit.

Genauso wie es im Verkehr Regeln für die Autos, Radfahrer und Fußgänger gibt, gibt es für den Umgang zwischen den Menschen Regeln.

Regeln im Verkehr:
- schaltet die Ampel auf rot, dürfen die Autos nicht mehr fahren
- schaltet die Fußgängerampel auf grün, dürfen die Fußgänger gehen
- bevor ich über die Straße gehe, schaue ich, ob kein Auto kommt...

An vielen Schulen müssen die Kinder in der 4. Klasse eine Fahrradprüfung ablegen. Zum einen gibt es einen theoretischen und zum anderen einen praktischen Teil.

Im praktischen Teil müssen die Kinder spezielle Übungen fahren und im theoretischen Teil Fragen beantworten.

Eigentlich müsste jeder Mensch auch einen Führerschein für den richtigen Umgang zwischen den Menschen machen. Es würde dann weniger Unfälle (Streitereien und Probleme) zwischen den Menschen geben.

Wir wollen dich jetzt auch über die Regeln im Umgang miteinander informieren. Diese Regeln sollten auch in deiner Familie gelten.

Wichtige Regeln, wenn ich mit jemandem spreche:

Ich schaue meinem Gesprächspartner in die Augen.
Ich spreche laut und deutlich, wenn möglich in ganzen Sätzen.
Anstatt „wir" oder „man" verwende ich „ich".
Ich versuche, meine Wünsche und Gefühle
offen und höflich auszusprechen.
Ich lasse andere ausreden und ich möchte ebenfalls ausreden dürfen.
Ich beobachte Menschen und versuche herauszufinden, was sie denken.
Wenn ich Angst habe, sage ich es Mama und Papa.

11. Professionelle Hilfe – wie, wer, wo?

Bei Ängsten im Kindesalter ist in den meisten Fällen eine psychotherapeutische Behandlung angebracht, nicht eine medikamentöse (dazu mehr in einem Exkurs am Ende dieses Kapitels). Wir empfehlen Ihnen, zuerst das Gespräch mit dem Kinderarzt zu suchen. Schildern Sie ihm offen die Ängste des Kindes und Ihre diesbezüglichen Sorgen. Überlegen Sie gemeinsam, ob eine professionelle Behandlung nötig ist und lassen Sie sich weiterführende Experten empfehlen.
Diese Experten können sein:

1. Kinder- und Jugendpsychiater

(niedergelassen in einer Praxis oder in der Ambulanz/Poliklinik einer Kinder- und Jugendpsychiatrie)
Ein Kinder- und Jugendpsychiater kann Ihr Kind psychiatrisch und neurologisch untersuchen und evtl. auch psychotherapeutisch behandeln. Oft arbeiten auch Psychologen in solchen Praxen, die dann eine psychologische Untersuchung durchführen können. Die Kosten übernimmt die Krankenkasse.
Adressen (deutschlandweit) und weiterführende Informationen erhalten Sie unter www.bkjpp.de. Dort finden Sie auch die Leitlinien für Ärzte, wie Angststörungen im Kindesalter diagnostiziert und behandelt werden sollten (www.bkjpp.de/kinderpsychiatrie.htm).
Eine Beschreibung dessen, was genau ein Kinder- und Jugendpsychiater eigentlich macht, finden Sie unter www.dr-oehler.de/ FG_kinderpsychiatrie.frameset.htm (dort auch weitere Links).

2. Erziehungsberatungsstellen

In jeder größeren Stadt gibt es mehrere Erziehungsberatungsstellen, meist eine städtische und zwei kirchliche (z.B. Caritas, Diakonie). Sie finden Sie im Telefonbuch, entweder unter „Erziehungsberatungsstelle" oder untergeordnet unter „Stadt XY", „Caritas", „Diakonie" etc. Die Beratung ist kostenlos. In den Erziehungsberatungsstellen gibt es auch immer Familientherapeuten.

3. Psychologische Kinder- und Jugendlichenpsychotherapeuten

Es gibt Psychotherapeuten, die speziell für die Behandlung von Kindern und Jugendlichen ausgebildet sind. Leider gibt es davon zu wenige, so dass es häufig schwierig ist, einen Therapieplatz zu bekommen. Stellen Sie sich auf lange Wartezeiten ein. Insbesondere aber bei schwereren Angststörungen, Depressionen und posttraumatischer Belastungsstörung ist eine professionelle Psychotherapie unbedingt angebracht. Die Bezahlung übernimmt in der Regel Ihre Krankenkasse.
Wenn Sie Kindertherapeuten in Ihrer Nähe suchen, wenden Sie sich an Ihre Krankenkasse oder an den
Psychotherapeutischen Informationsdienst (PID) über
 www.psychotherapiesuche.de oder telefonisch unter 0228 / 74 66 99 (Mo, Di, Do, Fr 9-12 Uhr, Mo u. Do 13-16 Uhr).
Wenn Ihnen der Therapieansatz dieses Buches gefallen hat, sollten Sie nach einem Psychotherapeuten fragen, der *verhaltenstherapeutisch* ausgerichtet ist.

4. Schulpsychologen

Vor allem bei Ängsten, die sich auf die Schule beziehen, ist es ratsam, zunächst einmal den Schulpsychologen um Hilfe zu bitten. Neben Diagnostik und Gesprächen kann der Schulpsychologe Vermittler zwischen Familie und Schule sein. Den zuständigen Schulpsychologen können Sie bei der Lehrkraft oder beim Schulamt erfragen.
Im Internet finden Sie Informationen unter www.schulpsychologie.de.

5. Worauf Sie Wert legen sollten

In allen Berufen gibt es gute und weniger gute Vertreter. Damit Sie wissen, ob Sie und Ihr Kind in guten Händen sind, wollen wir Ihnen einige Anhaltspunkte geben, auf die Sie bei einer Untersuchung bzw. Behandlung Ihres Kindes achten sollten.

5.1 Diagnostische Abklärung

Es sollte durch ausführliche Gespräche mit Eltern und Kind genau geklärt werden, welche Art von Ängsten vorliegt. Insbesondere muss untersucht werden, ob die Ängste Folge von anderen Problemen sein können (z.B. schulische Über- oder Unterforderung, Teilleistungsstörungen, Aufmerksamkeits-Defizit-Syndrom, Mobbing in der Schule oder Freizeit, Eheprobleme, Krankheit eines Elternteils, körperlichen Erkrankungen usw., siehe das Kapitel „Angststörungen im Kindesalter"). Insbesondere bei Leistungsängsten sollte ein ausführlicher Intelligenztest von einem erfahrenen Untersucher durchgeführt werden. Bestehen Sie darauf, dass Ihnen alle durchgeführten Untersuchungen und Tests erklärt werden.

5.2 Unterbreitung eines Therapieangebots

Der Therapeut sollte Ihnen genau erklären, worin die Therapie eines ängstlichen Kindes besteht. Die Eltern sollten unbedingt in die Therapie einbezogen werden. Auch Hausaufgaben gehören dazu. Es ist wichtig, dass Sie nachvollziehen können, was in den Therapiestunden passiert. Außerdem muss die „Chemie" zwischen Behandler und Kind/Eltern stimmen – Sympathie ist die Grundlage jeder Therapie!
Insbesondere für Kinder mit sozialen Ängsten und Unsicherheiten sowie mit Überängstlichkeit kann eine Gruppentherapie besonders sinnvoll sein.

5.3 Seriöse Therapien

Für Eltern ist es oft schwierig zu unterscheiden, welche Angebote auf dem großen, weiten „Psychomarkt" seriös sind und welche nicht. Die oben genannten Anlaufstellen sollten immer bevorzugt werden vor wissenschaftlich nicht untersuchten Angeboten aus dem esoterischen oder Heilpraktiker-Bereich wie Kinesiologie, Bachblüten, Algen etc.

6. Internet

Im Internet gibt es bis jetzt bemerkenswert wenig Seiten zu kindlichen Ängsten. Im Rahmen medizinischer oder psychologischer Ratgeberseiten tauchen immer wieder Fragen zu Ängsten im Kindesalter auf, die häufig auch recht gut beantwortet werden. Ansonsten gibt es aber erstaunlicherweise keine (deutsche) Seite, die sich speziell nur mit kindlichen Ängsten befasst. Wir verweisen deshalb auf unsere eigene Homepage: www.kinderangst.de. Hier finden Sie neben Informationen zu Angststörungen auch solche über kindliche Depressionen und posttraumatische Belastungsstörungen. Es gibt ein Elternforum und aktuelle Informationen. Weiterhin gibt es die Möglichkeit einer (kostenpflichtigen) Beratung per e-mail.

7. Zur medikamentösen Behandlung von Kindern mit Angststörungen

Die medikamentöse Behandlung von Kindern mit Angststörungen ist nur in Extremfällen angebracht. Psychotherapeutische Hilfe hat im Kindesalter immer Vorrang, insbesondere bei Phobien, Trennungsängsten und Schul- und Leistungsängsten. Bei sehr stark ausgeprägten sozialen Phobien und generalisierten Angststörungen gibt es folgende medikamentöse Optionen:

* Generalisierte Angststörung: Trizyklische Antidepressiva (Referenzsubstanz: Amitryptilin) sind Medikamente der ersten Wahl wegen guter Wirksamkeit und geringen Nebenwirkungen. Benzodiazepine sind zur kurzfristigen Entlastung des Kindes einsetzbar, führen aber bei längerem Einsatz zur Abhängigkeit! Möglich ist auch der Einsatz von Buspiron (kein Abhängigkeitspotential).

* Soziale Phobie: Serotonin-Reuptake-Hemmer (SSRI) sind hier erste Wahl, möglich ist auch der Einsatz von Moclobemid (allerdings keinesfalls kombiniert wegen der Gefahr eines serotonergen Syndroms). Für Benzodiazepine gilt die gleiche Warnung wie oben beschrieben. Von Betarezeptoren ist abzuraten wegen der Gefahr der orthostatischen Dysregulation, eine Wirksamkeit ist auch nicht nachgewiesen.

Lassen Sie sich von den behandelnden Ärzten Ihres Kindes genau über das Wirkprofil des eingesetzten Medikamentes aufklären, insb. was eine mögliche Abhängigkeit betrifft. Medikamente sollten außerdem nur in Kombination mit einer psychotherapeutischen Behandlung zum Einsatz kommen!

(Medizinische Beratung: Dr. Klaus-Ulrich Oehler, Kinder- und Jugendpsychiater, Würzburg)

12. Anhang

1. Materialien und Kopiervorlagen

Die Materialien und Kopiervorlagen erscheinen hier in der Reihenfolge, mit der sie im Buchtext auftauchen. Wenn nötig, vergrößern Sie sie beim Kopieren auf A4-Format zur besseren Bearbeitung.

- Angstthermometer
- Entspannungsübung
- Schlechte / gute Gedanken
- Punkteplan
- Mut-mach-Pläne
- Sorgensack
- Männchen für Gefühle
- Angst-Bekämpfungs-Plan

2. Literatur (Auswahl)

- Elternratgeber
- Kinderbücher

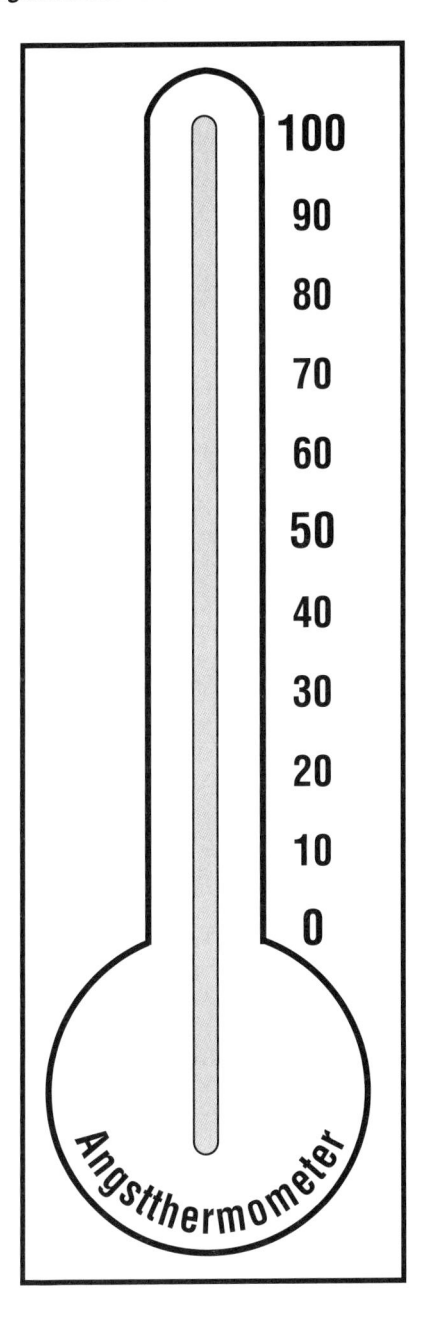

Kopiervorlage Angstthermometer

100
90
80
70
60
50
40
30
20
10
0

Angstthermometer

Entspannungsübung

> *Entspannung wirkt gegen Angst und Nervosität. Es ist wichtig, die Übung als regelmäßiges Ritual (z.B. täglich vor dem Einschlafen) in Ruhe durchzuführen. Eine Woche lang sollte die ganze Übung gemacht werden, dann reicht es, sich die „Lieblingspunkte" herauszusuchen. Wichtig ist, dass das Kind lernt, sich schnell zu entspannen, in dem es sich z.b. an die Zitrone in der Hand oder die Fliege auf der Nase erinnert. Diese Entspannung kann dann vor angstbesetzten Situationen (z.B. vor der Schule, vor einem Einkauf, vor einer neuen Situation) angewendet werden.*
>
> ....
>
> ## Entspannungsübung für Kinder
>
> Mit dieser Übung kannst du lernen, dich zu entspannen, wenn du nervös bist oder Angst hast. Bei der Übung musst du darauf achten, wie sich deine Muskeln anfühlen, wenn sie angespannt sind, und wie sie sich anfühlen, wenn du sie anspannst.
>
> Leg dich ganz bequem hin. Lass deine Hände ganz locker neben den Beinen liegen. Und jetzt schließ deine Augen und öffne sie erst, wenn ich es sage. Wenn du deine Augen nicht so lange geschlossen halten kannst, schau einfach an die Decke. Denk daran, genau das zu machen, was ich jetzt mache und genau darauf zu achten, was dein Körper dabei macht. So, und jetzt geht's los:
> Mach als erstes deine rechte Hand zu einer Faust. Stell dir vor, du hast eine dicke, gelbe Zitrone in deiner rechten Hand. Drück sie ganz fest zusammen: Versuch, den ganzen Saft der Zitrone herauszuquetschen. Achte auf die Anspannung in deiner Hand und in deinem Arm. Und nun lass die Zitrone einfach fallen. Achte darauf, wie sich die Hand jetzt, wenn sie entspannt ist, anfühlt.
>
> Und nun mach das gleiche mit der linken Hand. Drück sie ganz fest zusammen: Versuch, den ganzen Saft der Zitrone herauszuquetschen. Achte auf die Anspannung in deiner Hand und in deinem Arm. Und nun lass die Zitrone einfach fallen. Achte darauf, wie sich die Hand jetzt, wenn sie entspannt ist, anfühlt.
>
> Als nächstes spann deine Arme an. Stell dir vor, du wärst eine faule, schläfrige Katze. Du willst dich so richtig recken und strecken.

Streck deine Arme weit nach oben, zieh sie über deinen Kopf und lass sie weit nach hinten wippen. Fühlst du das Ziehen in deinen Armen und Schultern? Und jetzt lass deine Arme wieder neben deinen Körper fallen und entspanne.

Nun geht es um das Anspannen der Schultern. Stell dir vor, du wärst eine Schildkröte. Du sitzt draußen im Sand an deinem Lieblingsteich und entspannst dich in der wohligen, warmen Sonne. Hier fühlst du dich sehr ruhig und so richtig sicher. Aber plötzlich witterst du Gefahr! Zieh schnell deinen Kopf in deinen Panzer ein. Versuch, deine Schultern weit hinaufzuziehen, bis hin zu deinen Ohren und schiebe deinen Kopf zwischen deine Schultern. Bleib einen Moment so und spüre die Anspannung in deine Schultern und im Nacken. Und endlich: die Gefahr ist vorüber, du kannst deinen Kopf wieder aus deinem Panzer herausstrecken und zurückkommen in die wärmende Sonne und kannst dich wieder entspannen und so richtig wohlfühlen.

Als nächstes sollst du deine Zähne zusammenbeißen. Stell dir jetzt vor, du hast einen riesigen Kaugummi in deinem Mund: Es ist wirklich sehr anstrengend, darauf zu kauen. Und jetzt entspanne. Du merkst, wie gut es tut, deine Kiefer einfach herunterhängen zu lassen.

Oh, da kommt so eine lästige Fliege herangeflogen und landet mitten auf deiner Nase. Versuch, sie zu verscheuchen, ohne deine Hände dabei zu benutzen. Runzle deine Nase. Mach so viele Runzeln in deine Nase, wie du kannst. Endlich, du hast die Fliege verscheucht. Jetzt kannst du deine Nase entspannen. Dein Gesicht fühlt sich jetzt ganz glatt, angenehm und entspannt zu sein.

Als nächstes geht es um das Anspannen des Bauches. Stell dir vor, du liegst auf einer Wiese im Gras und von Weitem kommt ein kleiner Elefant herangetrottet. Aber er scheint gar nicht darauf zu achten, wo er hinläuft. Gleich läuft er über deinen Bauch. Beweg dich nicht, du hast keine Zeit mehr, dich zu verdrücken. Bereite dich auf den unangemeldeten Besuch vor. Mach deinen Bauch ganz hart und fest. Spanne deine Bauchmuskeln ganz fest an. Oh, es sieht so aus, als ob der Elefant nun doch eine andere Richtung einschlägt. Glück gehabt! Du kannst wieder entspannen und deinen Bauch ganz locker werden lassen. Lass deinen Bauch so entspannt wie möglich werden. Das fühlt sich so viel besser an.

Nun sollst du deinen Bauch einziehen. Stell dir vor, du willst dich durch einen engen Zaun quetschen. Du musst dich ganz dünn machen, wenn du es schaffen willst, da durch zu kommen. Zieh deinen Bauch ein, ganz fest. Versuch, so dünn zu werden wie du kannst. Du willst durch diesen Zaun hindurch. Und du schlüpfst hindurch. Du hast es geschafft. Du kannst deinen Bauch wieder entspannen. Du brauchst jetzt nicht mehr dünn zu sein. Entspann dich und fühl, wie dein Bauch weich wird und warm.

Als Letztes spanne die Füße und die Beine an. Stell dir vor, du stehst barfuß in einem großen, schwabbeligen Schlammloch. Wühl mit deinen Zehen tief im Schlamm. Versuch, deine Füße bis auf den Grund des Schlammlochs zu drücken. Du wirst wahrscheinlich auch deine Beine als Unterstützung gebrauchen. Mach deine Beine ganz lang, spreiz deine Zehen. Du merkst, wie der Schlamm sich langsam durch deine Zehen hindurchdrückt.

Nun steig aus diesem Schlammloch hinaus und entspanne deine Beine und Füße. Lass deine Zehen ganz locker werden und spüre, wie schön sich das anfühlt. Es fühlt sich gut an, sich zu entspannen.

Bleib so entspannt, wie du kannst. Lass deinen ganzen Körper ganz schlaff. Alle Muskeln deines Körpers sind ganz locker und du fühlst dich so richtig wohlig und entspannt. Genieße dieses Gefühl der Entspannung noch eine Weile.

[Nach ca. 1 Minute:]
So, jetzt wollen wir die Entspannungsübung beenden. Spann deine Muskeln wieder ein wenig an und räkel und streck dich. Und jetzt öffne ganz, ganz langsam deine Augen. Sehr gut. Das hast du sehr gut gemacht. Wenn du so weiter übst, wirst du ein Superentspanner.

....

(gekürzt und geändert nach: Klein-Heßling, J. & Lohaus, A. (1998). Bleib locker: ein Streßpräventionstraining für Kinder im Grundschulalter. S.27ff. Göttingen: Hogrefe.)

Kopiervorlagen „Schlechte Gedanken / Gute Gedanken" und „Mutmachspruch":

Situation	schlechte Gedanken	gute Gedanken

Mein Mutmachspruch:

Punkteplan

Erläuterungen zum Punkteplan

Der Erfolg eines Punkteplanes hängt in erster Linie von der richtigen Anwendung ab. Wir haben deshalb für Sie noch einmal die wichtigsten Schritte und die häufigsten „Fallen" anhand von Beispielen zusammengefasst. Die Beispiele sind mit einem Ausrufezeichen gekennzeichnet.

Grundsätzlich

Der Punkteplan dient als besondere Motivation für das Kind, ein neues oder bisher nicht gezeigtes Verhalten zu zeigen. Den Eltern verlangt er viel Aufmerksamkeit und vor allem Konsequenz ab. Ziel ist es, ein Verhalten so zu etablieren innerhalb der Familie, dass nach einigen Wochen keine Belohnungen mehr nötig sind.

! Wenn Mama am Ende der Woche feststellt: „Huch, wir haben ganz vergessen, auf das Verhalten zu achten", so wird auch das Kind den ganzen Plan nicht ernst nehmen und ist überfordert.

Auswahl des Problemverhaltens

Erster Schritt ist die genaue Beschreibung eines häufig vorkommenden Problemverhaltens beim Kind. Das Problemverhalten sollte von den Eltern auch zu beobachten sein, also nicht in der Schule oder bei anderen Leuten auftreten.

Genaue Beschreibung: Das Verhalten des Kindes und die Situation, in der es auftritt, müssen konkret beschrieben werden.

! Zu ungenau wäre: „unser Kind ist zu ängstlich". Gut wäre stattdessen: „weil unser Kind Angst hat, abends allein im Bett zu bleiben, muss immer ein Elternteil mindestens eine halbe Stunde dabei bleiben".

Häufiges Vorkommen: für einen Punkteplan muss ein Verhalten gewählt werden, dass sehr häufig, am besten täglich, vorkommt.

Auswahl des Zielverhaltens

Es ist noch kein Meister vor Himmel gefallen! Beim Zielverhalten ist das wichtigste: das Zielverhalten muss für das Kind tatsächlich machbar sein. Ziel ist, dass das Kind Erfolgserlebnisse hat, die es weiter motivieren, das neue Verhalten zu zeigen. Wenn das Ziel zu hoch ist, kommt es nur zu Frustrationen – bei Ihnen und beim Kind. Auch das Zielverhalten muss konkret beschrieben werden, damit das Kind genau weiß, was von ihm erwartet wird. Außerdem sollte es positiv formuliert werden.

Machbarkeit: Fangen Sie mit einem kleinen Schritt an, der Punkteplan kann ja nach und nach gesteigert werden. Überlegen Sie sich, ob das Kind auch wirklich fähig ist, das geforderte Verhalten zu zeigen.

- Schlecht ist: „du schläfst jetzt ab sofort immer allein ein!". Ein erster kleiner Schritt wäre: „Papa kommt mit, bleibt aber nur noch 15 Minuten dabei."
- Ein Kind soll seine Freundin allein anrufen (Zielverhalten). Damit ist es aber komplett überfordert, weil es das Telefonieren noch nie richtig geübt hat.

Konkrete und positive Beschreibung: Das Kind muss genau wissen, was von ihm verlangt wird. Eine positive Beschreibung ermuntert zu mehr Anstrengung.

- Ungünstig ist: „Ab sofort bleibt keiner mehr abends bei dir!". Das klingt wie eine Drohung und macht die Angst des Kindes noch größer. Konkret und positiv formuliert hieße das: „Du schaffst es, nach 15 Minuten gute Nacht zu sagen und ruhig und allein einzuschlafen!"
- Negativ formuliert ist: „Du hast jetzt keine Angst mehr, allein zum Bäcker zugehen!", positiv und konkret wäre: „Du schaffst es, zum Bäcker zu gehen, Guten Tag zu sagen und ein Brot zu kaufen!".

Vergabe der Punkte

Wenn das Kind das vorher gemeinsam vereinbarte Zielverhalten zeigt, wird auf dem Punkteplan gemeinsam ein Punkt (oder eine Sonne oder ein Smiley) eingetragen. Es ist Sache der Eltern, daran zu denken! Zusätzlich sollte das Kind natürlich noch gelobt werden (aber nicht belohnt – das folgt erst später).

Wird das Zielverhalten nicht erreicht, wird in den Punkteplan nichts eingetragen – auch darauf wird das Kind hingewiesen. Gleichzeitig wird es ermuntert, das Verhalten bei der nächsten Gelegenheit wieder zu zeigen.

Eintausch der Punkte gegen eine Belohnung

Auf dem Punkteplan wird festgehalten, für wie viele Punkte es welche Belohnung gibt. Es gibt hier keine Faustregel, wie dies genau aussehen soll, weil es vom ausgewählten Problem- und Zielverhalten des Kindes abhängt. Grundsätzlich gilt auch hier, dass die Hürden zu Beginn möglichst niedrig gehalten werden sollten und dann langsam gesteigert werden können – je nach Erfolg des Punkteplanes.

! Da Jan sich schon lange sehr schwer tut, allein einzuschlafen, wird vereinbart, dass es in der ersten Woche schon eine Belohnung gibt, wenn er es schafft, dreimal nach 15 Minuten allein zu bleiben (bei sieben möglichen Gelegenheiten). Das klappt auch, so dass in der zweiten Woche vier Punkte nötig sind, um die Belohnung zu bekommen. In der folgenden Woche wird vereinbart, dass Papa nur noch 8 Minuten bei ihm bleibt.

! Sarah ist selbst sehr motiviert, allein zum Bäcker gehen zu können. Es wird vereinbart, dass sie am Wochenende mit Mama einen Kuchen backen darf, wenn sie es zweimal (von vier möglichen Gelegenheiten) schafft.

Auswahl der Belohnungen

Für das Zeigen des Zielverhaltens soll das Kind belohnt werden (meist am Ende der Woche). Bitte berücksichtigen Sie:

a. die Belohnung soll gemeinsam mit dem Kind vereinbart werden, d.h. das Kind soll ein Mitspracherecht haben – das erhöht die Motivation des Kindes

b. die Belohnung soll natürlich angemessen sein, also weder zu klein noch zu groß

c. die Art der Belohnung hängt stark von den Vorlieben des Kindes ab, grundsätzlich sind aber „soziale" Belohnungen besonders wünschenswert (z.B. ein gemeinsamer Kinobesuch, ein Spieleabend, ein kleiner Ausflug mit der Familie etc.)

d. die Belohnung sollte für das Kind nur durch das Zeigen des Zielverhaltens erreichbar sein (also nicht nach dem Motto „na ja, wir machen sowieso jeden Samstag einen Spieleabend mit den Kindern")

(aus: Maur-Lambert, S., Landgraf, A. & Oehler, K. (2003). Gruppentraining für ängstliche und sozial unsichere Kinder und ihre Eltern. Dortmund: borgmann publishing)

Punkteplan für die Woche vom _____ **bis** _____

Zielverhalten	Montag	Dienstag	Mittwoch	Donnerstag	Freitag	Samstag	Sonntag
1.							
2.							
3.							

konkretes Zielverhalten:

1. _____

2. _____

3. _____

Belohnungen:

Für _____ Punkte _____

Für _____ Punkte _____

Für _____ Punkte _____

Mut-mach-Plan für Sara

Ich habe Angst, meine Freundin anzurufen, weil..........

Was kann ich dagegen tun?

→ Mit meiner Mutter übe ich in Rollenspielen das Telefonieren. Ich spiele mich selbst, und die Mama spielt abwechselnd meine Freundin, deren Mutter oder deren Oma. Gemeinsam überlegen wir uns vorher, was man sagen kann am Telefon – je nachdem, wer dran ist, und je nachdem, ob meine Freundin zuhause ist oder nicht. Unsere Übungen tragen wir in den folgenden Plan ein:

Datum	Inhalt des Rollenspiels	Was hat gut geklappt?	Was kann ich noch besser machen?

...
...
...

→ Mein Mutspruch für das Telefonieren lautet:

Den hänge ich mir gleich neben das Telefon.

→ Vielleicht traue ich mich sogar, meine Freundin einmal selbst anzurufen?

Mut-mach-Plan für Maximilian

Ich habe Angst vor Arztbesuchen und Spritzen, weil..........

Was kann ich dagegen tun?

→ Ich überlege mir zusammen mit dem Papa, warum man zum Arzt muss, wofür Spritzen sind und was passiert, wenn ich nicht hingehe:

→ Ich überlege mir, wie ich mich auf den nächsten Arztbesuch vorbereiten kann, damit ich dann weniger Angst habe:

1. Ich erfinde einen Mutspruch:
....

2. Ich denke daran, wie stolz ich das letzte Mal war, als ich alles überstanden hatte.

3. Ich vereinbare mit Mama und Papa eine Belohnung, wenn ich nur ganz wenig Angst und fast gar kein Bauchweh vorher habe.

4. Ich mache meine Entspannungsübung kurz vorher.

→ Wie oft habe ich es eigentlich schon geschafft, zum Arzt zu gehen? Ich schaue mal mit Mama im Kalender nach und trage das Datum in einem Kästchen ein. Die restlichen Kästchen sind für meine nächsten Arztbesuche, die ich geschafft habe!

☺	☺	☺	☺	☺
☺	☺	☺	☺	☺

Mut-mach-Plan für Kevin

Ich traue mich, mit anderen Kindern am Nachmittag zu spielen.

Was kann ich dafür tun?

↑ Mit welchen Kindern würde ich ab und zu gerne spielen? Ich schreibe ihre Namen mal auf:

....

↑ Welche Sachen könnte ich mit anderen Kindern zusammen machen, die mich interessieren?

....

↑ Ich suche mir einen Tag in dieser Woche aus, an dem ich mich mit einem anderen Kind treffen will (bitte ankreuzen):

| Montag | Dienstag | Mittwoch | Donnerstag | Freitag | Samstag | Sonntag |

↑ Nach diesem Treffen (bitte ankreuzen/ausfüllen):

Wo haben wir gespielt? ❏ bei mir ❏ beim anderen ❏ draußen
Was haben wir gemacht?

....

Wie hat es mir gefallen?

| gar nicht | etwas | mittel | gut | sehr gut |

Was fand ich am besten?

....

↑ Ich nehme mir für die nächste Woche einen neuen Tag vor, an dem ich mich mit einem Kind zum Spielen verabrede:

| Montag | Dienstag | Mittwoch | Donnerstag | Freitag | Samstag | Sonntag |

Mut-mach-Plan für Lukas

Ich habe Angst vor Hunden,
weil..

Was kann ich dagegen tun?

↑ Ich überlege mir zusammen mit dem Papa, was man eigentlich an Hunden mögen kann und warum so viele Leute einen Hund haben:

....

↑ Ich überlege mir, wie ich mich auf die nächste Begegnung mit einem Hund vorbereiten kann, damit ich dann weniger Angst habe:

1. Ich erfinde einen Mutspruch:

....

2. Ich vereinbare mit Mama, wie ich mich verhalten möchte (z.B. ruhig bleiben und nicht schreien, neben Mama gehen und nicht hinter ihr verstecken). Ich fange mit etwas an, was ich schaffen kann:

....

3. Ich vereinbare mit Mama und Papa eine Belohnung, wenn ich das schaffe und so viel Mut zeige!

↑ Wenn ich das geschafft habe, werde ich noch mutiger! Ich nehme mir vor, mit zu Bekannten oder Verwandten zu gehen, auch wenn die Tiere haben. Ich lasse mir die Tiere zeigen und lerne sie zusammen mit dem Besitzer kennen, ganz vorsichtig und Schritt-für-Schritt. Hier trage ich mit dem Datum ein, welches Tier ich kennengelernt habe:

☺	☺
☺	☺
☺	☺
☺	☺
☺	☺

135

Mut-mach-Plan für Tanja

Ich bin schon ...... Jahre alt und will deshalb lernen, Dinge alleine zu erledigen – also ohne Hilfe von meiner Mama und ohne Angst!

Was kann ich dafür tun?

↑ Ich überlege, welche Sachen ich bisher mit der Mama zusammen gemacht habe, die ich eigentlich auch schon alleine schaffen kann:

....

↑ **Ich erfinde einen Mutspruch dafür:**

↑ Ich probiere diese Sachen aus und notiere, wie es geklappt hat:

Datum	Was habe ich allein geschafft?	Wie habe ich mich danach gefühlt?	Will ich es nochmal probieren?	
			ja	nein
			ja	nein

↑ Jetzt werde ich noch mutiger! Wenn ein Ausflug (Schule, Sport, Urlaub) ansteht, habe ich mich bisher oft gefürchtet und Bauchweh gehabt, weil ich nicht wußte, was auf mich zu kommt. Beim nächsten Ausflug schreibe ich zusammen mit Mama auf, was daran schön sein könnte:

....

> Ich weiß: Die Angst geht vorbei und der Ausflug wird schön! Ich zeige Mut!

Mut-mach-Plan für Markus

Ich habe bisher schon eine Menge Mut bewiesen. Ich habe aber häufig noch Angst, Fehler zu machen oder mich zu vertun.

Was kann ich dagegen tun?

↑ Ich bin ab heute mein eigener Detektiv! Mein Auftrag lautet: „**Markus, der Detektiv, beobachtet Markus in der Schule.**"

↑ 1. Teil des Auftrags:
Was denkt Markus, bevor er aufzeigt oder eine Probe schreibt?

Was passiert dann mit seinem Körper?

↑ 2. Teil des Auftrags:
Was passiert, wenn er etwas falsches sagt oder schreibt?

Was passiert, wenn er etwas richtiges sagt oder schreibt?

↑ **Jetzt ist es Zeit, Mut zu beweisen!**

1. Ich erfinde einen Mutspruch gegen die Angst:

2. Ich versuche jeden Tag, mutig zu sein und etwas zu sagen oder zu schreiben, auch wenn ich mir nicht sicher bin, ob es stimmt. Immer wenn ich das geschafft habe (egal, ob richtig oder falsch!), schreibe ich das Datum in ein Kästchen. Dafür gibt es auch eine Belohnung von Papa und Mama!

☺	☺	☺	☺	☺	☺
☺	☺	☺	☺	☺	☺

Sorgensack

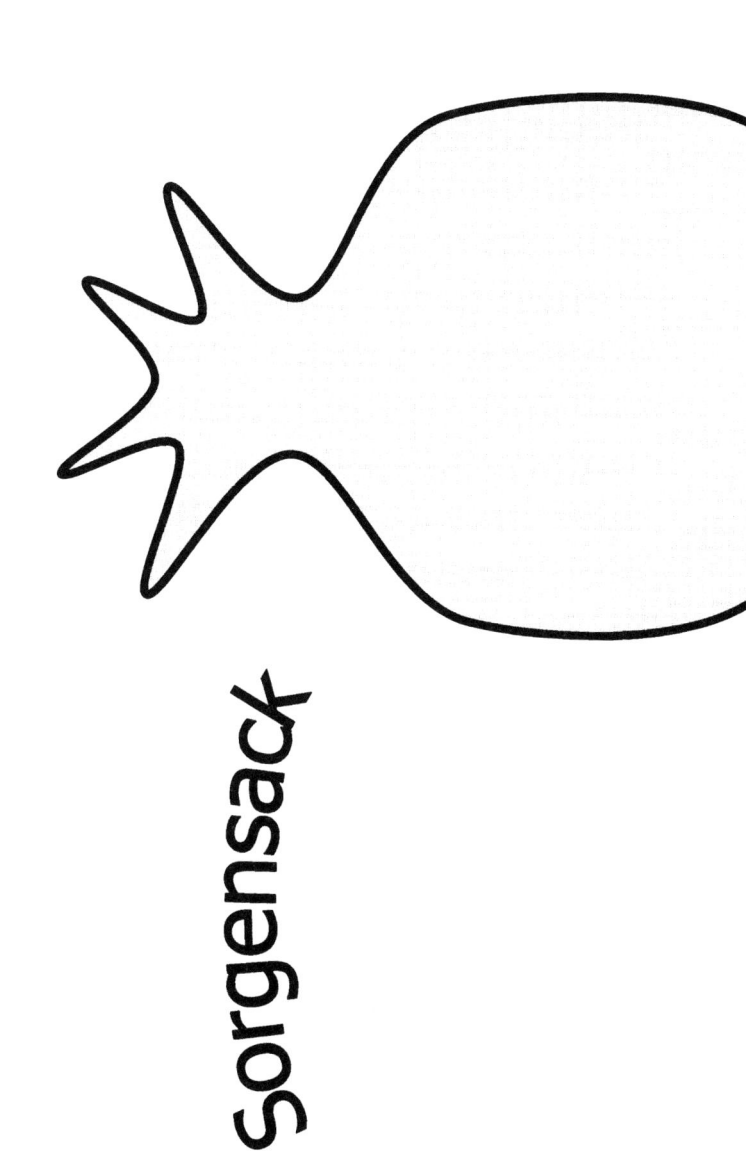

Kopiervorlage Männchen (für verschiedene Gefühle)

138

Angst-Bekämpfungs-Plan

Uhrzeit	Was fühlte ich?	Was habe ich gedacht?	Welche Tricks habe ich angewandt?	Was ist dann passiert?	Wie hoch ist jetzt deine Angst?
Wo war ich?	0 unruhig werden 0 der Atem geht schneller 0 die Augen weiten sich 0 das Herz rast 0 Schweißausbrüche 0 keine Luft kriegen 0 besonders kalt oder heiß 0 weiche Knie 0 am ganzen Körper zittern	Wolkengedanken:	1. 2.		1 = keine Angst 2 = etwas Angst 3 = viel Angst 4 = schlimme Angst 5 = sehr große Angst **Ich lobe mich für meinen Mut:**
Was ist passiert?	**Wie stark war meine Angst?** 1 = keine Angst 2 = etwas Angst 3 = viel Angst 4 = schlimme Angst 5 = sehr große Angst	Sonnengedanken:	3. 4. 5.		

Literatur

Elternratgeber (Auswahl)

Apter, T. (1998). Ich schaff das schon ! Wie Kinder innere Stärke entwickeln und sich nicht entmutigen lassen. Freiburg: Herder.

Brown, J.L. (1998). Keine Räuber unterm Bett: Wie man Kindern Ängste nimmt. München: dtv.

Dacey, J.S. & Fiore, L.B. (2000). Your anxious child: how parents and teachers can relieve anxiety in children. San Fransisco: Jossey-Bass.

du Bois, R. (1998). Kinderängste : erkennen – verstehen – helfen. München: C.H.Beck.

Ennulat, G. (2001). Ängste im Kindergarten. München: Kösel-Verlag.

Friese, H.-J. & Friese, A. (1997). Manchmal habe ich solche Angst, Mama. Freiburg: Herder.

Friedrich, S. & Friebel, V. (1999). Trau dich doch! Wie Kinder Schüchternheit und Angst überwinden. Reinbek: Rowohlt.

Manassis, K. (1996). Keys to parenting your anxious child. New York: Barron's.

Niederle, M. (2000). Kinderängste verstehen – Eltern geben Mut und Sicherheit. Freiburg: Herder.

Rapee, R.M., Spence, S.H., Cobham, V., & Wignall, A. (2000). Helping your anxious child. Oakland: New Harbinger.

Rogge, J.-U. (2000). Ängste machen Kinder stark. Reinbek: Rowohlt.

Schäfer, U. (1999). Depressionen im Kindes- und Jugendalter: ein kurzer Ratgeber für Eltern, Erzieher und Lehrer. Bern: Huber.

Schmid, M. & Kohlhepp, B. (1999). Keine Angst mehr. Freiburg: Christopherus-Verlag.

Schmidt-Traub, S. (2001). Selbsthilfe bei Angst im Kindes- und Jugendalter. Göttingen: Hogrefe.

Schulte-Markwort, M. & Schimmelmann, M. (1999). Kinderängste – was Eltern wissen müssen. Augsburg: Midena.

Seligman, M.E.P. (1999). Kinder brauchen Optimismus. Hamburg: Rowohlt.

Stiefenhofer, M. (2000). 55 Tipps...wenn Ihr Kind Angst hat. Freiburg: Christophorus.

Suer, P. (1998). Wenn Kinder Angst haben. München: Südwest.

Kinderbücher (Auswahl)

Aliki (1987). Gefühle sind wie Farben. Weinheim: Beltz.

Boie, K. (2001). Kirsten Boie erzählt vom Angsthaben. Hamburg: Oetinger.

Cole, B. (2000). Ich hab so Angst vor Tieren. Hildesheim: Gerstenberg.

Dietl, T. (1999). Der tapfere Theo. Stuttgart: Thienemann.

Kalwitzki, S. (2002). Du schaffst das schon! Bindlach: Loewe.

Kreul, H. (2000). Ich und meine Gefühle. Bindlach: Loewe.

Lemieux, M. (2002). Gewitternacht. Weinheim: Beltz.

Meyer-Glitza, E. (2000). Jacob der Angstbändiger: Geschichten gegen Kinderängste. Salzhausen: Iskopress.

Nöstlinger, C. (1999). Willi und die Angst. Wien: Dachs Verlag.

Petermann, U. (2001). Die Kapitän- Nemo-Geschichten. Freiburg: Herder.

Rau, T. (1997). Angst? Falkenhagen: AnTex-Verlag.

Rouviere, A. & Battut, E. (2001). Was mir Angst macht. Zürich: Bohem Press.

Sendak, M. (1967). Wo die wilden Kerle wohnen. Zürich: Diogenes.

Raum für Notizen:

Jutta Burger-Gartner / Dolores Heber
Auditive Verarbeitungs- und Wahrnehmungsleistungen bei Vorschulkindern
Diagnostik und Therapie
◆ 2003, 212 S., Format DIN A4, im Ordner
ISBN 3-8080-0530-0, Bestell-Nr. 1923, € 34,80

Nicole Goldstein
Hyperaktiv – na und ...?
Yoga-Übungen für überaktive Kinder
Mit „Emil Erdnuckel" ins wunderbare Land der Entspannung
◆ 2003, 180 S., Format DIN A4, im Ordner
ISBN 3-86145-240-5, Bestell-Nr. 8322, € 31,00

Jürgen Hargens
**Kinder, Kinder ...
oder: wer erzieht wen ... und wie**
Gedanken, Erfahrungen, Ideen eines Vaters
◆ 2002, 80 S., Format 11,5x18,5cm, fester Einband, ISBN 3-86145-253-7,
Bestell-Nr. 8326, € 9,60

Anne Häußler / Christina Happel /
Antje Tuckermann / Mareike Altgassen /
Katja Idl-Amini
SOKO Autismus
Gruppenangebote zur Förderung SOzialer KOmpetenzen bei Menschen mit Autismus
◆ 2003, 256 S., ca. 100 Kopiervorlagen Arbeitsblätter, Format 21x28 cm, Ringbindung
ISBN 3-8080-0525-4,
Bestell-Nr. 1211, € 24,60

Birgit Jackel
Lustige Sinnesgeschichten für kleine und große Leute
Sinnlich-sinnvolle Anregungen zum Nachdenken und Nachspielen
◆ 2003, 72 S., Format DIN A5, Ringbindung
ISBN 3-86145-248-0, Bestell-Nr. 8567, € 15,30

Dieter Krowatschek
ADS und ADHS – Diagnose und Training
Materialien für Schule und Therapie
◆ 2003, 308 S., farbige Gestaltung, Format DIN A4, im Ordner
ISBN 3-86145-223-5,
Bestell-Nr. 8315, € 40,00

Michaela Liepold / Wolfram Ziegler /
Bettina Brendel
Hierarchische Wortlisten
Ein Nachsprechtest für die Sprechapraxiediagnostik
◆ 2., verb. Aufl. 2003, 54 S., 6 S. Formular-Kopiervorlagen, Format DIN A4, Ringbindung
ISBN 3-86145-259-6, Bestell-Nr. 8546, € 15,30

Wir bringen Lernen in Bewegung ...

Christine Leutkart / Elke Wieland /
Irmgard Wirtensohn-Baader (Hrsg.)
Kunsttherapie – aus der Praxis für die Praxis
Materialien – Methoden – Übungsverläufe
◆ 2003, 328 S., farbige Gestaltung, Format 16x23cm, fester Einband
ISBN 3-8080-0526-2,
Bestell-Nr. 1223, € 29,80

Michele Noterdaeme / Elke Breuer-Schaumann (Hrsg.)
Lesen und Schreiben – Bausteine des Lebens
Ein Übungsprogramm zum Schriftspracherwerb
◆ Nov. 2003, ca. 274 S., viele Vorlagen für Arbeitsblätter, Format DIN A4, im Ordner
ISBN 3-8080-0527-0, Bestell-Nr. 1921,
€ 34,80 bis 31.10.03, danach € 40,00

Sabine Maur-Lambert / Andrea Landgraf /
Klaus-Ulrich Oehler
Gruppentraining für ängstliche und sozial unsichere Kinder und ihre Eltern
◆ 2003, 176 S., Format DIN A4, Ringbindung
ISBN 3-86145-246-4,
Bestell-Nr. 8323, € 29,80

Petra Schuster
INSEL für Kinder
INtegrative SEnsomotorische Logopädie für sprachentwicklungsverzögerte Kinder
◆ 2002, 88 S., Format DIN A5, Ringbindung
ISBN 3-8080-0521-1, Bestell-Nr. 1919, € 15,30

Wolfgang Schwarzer (Hrsg.)
Lehrbuch der Sozialmedizin
für Sozialarbeit, Sozial- und Heilpädagogik
◆ 4., verb. u. überarb. Aufl. 2002, 512 S., Format 16x23cm, fester Einband
ISBN 3-86145-234-0, Bestell-Nr. 8204, € 25,50

Hilde Trapmann / Wilhelm Rotthaus
Auffälliges Verhalten im Kindesalter
Handbuch für Eltern und Erzieher • Band 1
◆ 10., völlig neu bearb. Aufl. 2003, 352 S., Format 16x23cm, fester Einband
ISBN 3-8080-0455-X, Bestell-Nr. 1101, € 17,50

verlag modernes lernen *borgmann publishing*
Hohe Straße 39 • D-44139 Dortmund • Tel. (0231) 12 80 08 • FAX (0231) 12 56 40
Unsere Bücher im Internet: www.verlag-modernes-lernen.de

Lore Anderlik
Ein Weg für alle!
Leben mit Montessori – Montessori-Therapie
und -Heilpädagogik in der Praxis
♦ 3., verb. Aufl. 2003, 272 S.,
Format 16x23cm, br, ISBN 3-8080-0539-4,
Bestell-Nr. 1173, € 21,50

Wir bringen Lernen in Bewegung ...

Rolf Balgo / Rolf Werning (Hrsg.)
Lernen und Lernprobleme im systemischen Diskurs
♦ August 2003, 312 S., Format 16x23 cm,
fester Einband
ISBN 3-86145-257-X, Bestell-Nr. 8329,
€ 22,50 bis 30.9.03, danach € 25,50

Dietrich Eggert / Christina Reichenbach / Sandra Bode
Das Selbstkonzept Inventar (SKI) für Kinder im Vorschul- und Grundschulalter
Theorie und Möglichkeiten der Diagnostik
♦ November 2003, ca. 300 S., farbige Illustrationen, Format 16x23cm, fester Einband
ISBN 3-86145-245-6, Bestell-Nr. 8566,
€ 22,50 bis 30.11.03, danach € 25,50

Anna Fischer-Olm
Mit schöner Sprache durch das Jahr
Ein multisensorieller, sprachfördernder Lehrgang
für Kindergarten, Vorschule und Grundstufe
♦ Sept. 2003, 176 S., Format DIN A4,
Ringbindung, ISBN 3-86145-243-X,
Bestell-Nr. 8187, € 21,50

Kerstin Gebauer
Das bin ich
Gestalten von Körperbildern
(Übungsreihen für Geistigbehinderte, Heft K2)
♦ Nov. 2003, ca. 60 S., Format 16x23cm, br,
ISBN 3-8080-0523-8,
Bestell-Nr. 3638, € 10,20

Jürgen Hargens
Systemische Therapie ... und gut
Ein Lehrstück mit Hägar
♦ Juli 2003, 104 S., 46 Hägar Comics,
Format DIN A5, fester Einband
ISBN 3-8080-0537-8, Bestell-Nr. 4323,
€ 15,30

Frederike Jacob
Ess-Störungen – lösungsorientiert überwinden
♦ Juli 2003, 224 S., Format DIN A5, br
ISBN 3-86145-254-5, Bestell-Nr. 8327,
€ 17,90

Elsa Jones / Eia Asen
Wenn Paare leiden
Wege aus der Depressionsfalle
Therapeutische Forschung und Praxis
♦ 2002, 152 S., Format DIN A5, br
ISBN 3-86145-244-8, Bestell-Nr. 8320, € 17,90

Dieter Krowatschek / Uta Hengst
Schokolade für die Seele
Tröstliches für Lehrkräfte und Eltern von ADHS-Kindern
♦ Februar 2004, ca. 100 S., mit schwarzweißen Fotos, Format 11,5x18,5cm, fester Einband
ISBN 3-86145-260-X, Bestell-Nr. 8331, € 15,30

Margarita Klein / Jochen Klein (Hrsg.)
Bindung, Selbstregulation und ADS
Eltern und Kinder in Krisen mit Zutrauen begleiten
♦ August 2003, 160 S., Format 16x23cm, br
ISBN 3-8080-0536-X, Bestell-Nr. 1155, € 19,50

Sabine Maur-Lambert / Andrea Landgraf
Keine Angst vor der Angst!
Elternratgeber bei Ängsten im Grundschulalter
♦ Okt. 2003, 144 S., Format DIN A5, Ringbindung,
ISBN 3-86145-256-1, Bestell-Nr. 8328, € 15,30

Michele Noterdaeme / Elke Breuer-Schaumann (Hrsg.)
Lesen und Schreiben – Bausteine des Lebens
Ein Übungsprogramm zum Schriftspracherwerb
♦ Nov. 2003, ca. 252 S. (davon ca. 180 S. Kopiervorlagen) Format DIN A4, im Ordner
ISBN 3-8080-0527-0, Bestell-Nr. 1921, € 34,80
bis 31.10.03, danach € 40,00

Michael Passolt / Veronika Pinter-Theiss
„Ich hab eine Idee ..."
Psychomotorische Praxis planen, gestalten, reflektieren
♦ ca. Oktober 2003, ca. 248 S.,
Format 16x23cm, fester Einband
ISBN 3-8080-0509-2, Bestell-Nr. 1195, € 22,50
bis 31.10.03, danach € 24,60

Kostenlosen Katalog jetzt anfordern!

verlag modernes lernen *borgmann publishing*
Hohe Straße 39 • D-44139 Dortmund • Tel. (0231) 12 80 08 • FAX (0231) 12 56 40
Unsere Bücher im Internet: www.verlag-modernes-lernen.de